Unser Leben zu dritt

Hanna Fiedler

Unser Leben zu dritt

Die Demenz, er und ich

von Hanna Fiedler

© 2019 Hanna Fiedler

Autorin: Hanna Fiedler

Umschlaggestaltung, Illustrationen und Layout: Lisa Keskin

Lektorat, Korrektorat: Peter Gura

Fotos: Hanna Fiedler

Verlag: myMorawa von Morawa Lesezirkel GmbH

ISBN 978-3-99084-908-8

Printed in Austria

Danksagung

Mein herzlichster Dank gilt meinem Mann Franz. Du bist in allem. In meinem Wesen, in meiner Arbeit. Du hast es mir ermöglicht, meine Aufgabe zu finden und das zu sein, was ich jetzt bin. Ich hoffe, dass damit auch ein bisschen deine Mission erfüllt ist.

Über die Autorin

Hanna Fiedler wurde 1960 in Wien geboren.

Ihr erlernter Grundberuf ist kaufmännische Angestellte. Jahre verbrachte sie damit, vergeblich nach dem Sinn dieses Berufes zu suchen. Doch der einzige Sinn, den sie darin fand, war, dass sie im Zuge dieser Tätigkeit ihren Mann Franz kennenlernte.

Gefunden hat sie ihren beruflichen Sinn schließlich in der Begleitung von Menschen in herausfordernden Lebenssituationen – seit 1999 ist sie als selbstständige Diplomlebensberaterin aktiv.

Später übernahm Hanna Fiedler die Gesellschaft für Arithmasthenie- und Legasthenietraining Austria (www.gala.at).

Schwerwiegende eigene Erkrankungen erschwerten ihr die Aufrechterhaltung ihrer Praxis. Die Demenzerkrankung ihres Mannes zwang Hanna Fiedler schließlich endgültig dazu, das Unternehmen aufzugeben.

Während der nächsten Jahre machte sie unter anderem eine Ausbildung zur Seniorenfachkraft und erstellte ein Curriculum für die Fortbildung von diplomierten Lebensberatern und und anderen Angehörigen beratender Berufe in der Angehörigenbegleitung (Schwerpunkt Demenz).

Die Schwerpunkte ihrer Arbeit sind:

- das Coaching von Frauen mit Gewalt- und Missbrauchserfahrung
- das Training von Menschen mit Merk- und Lerndefiziten im Zuge des ReLeMaKo®-Lerntrainings (www.relemako.at)
- die Aus-/Fortbildung von Menschen zum/zur ReLeMaKo®-Lerntrainer_in
- Begleitung An- und Zugehöriger von Menschen mit Demenzdiagnose

Bereits von Hanna Fiedler erschienene Bücher:

„Gut, dass der Zug nicht kam", ISBN: 978-3833433535 (BOD, 2005)

„Tinchen und andere Lebensmärchen", ISBN: 978-3842328280 (BOD, 2010)

Vorwort

von Birgit Meinhard-Schiebel

Hanna ist mir begegnet…

.... in Gestalt einer Frau, deren erschöpftes Gesicht mir aufgefallen ist, weil es nicht zu ihrer lebendigen Sprache gepasst hat. Die Geschichte ihres kranken Mannes, des Menschen, der sich durch seine Demenzerkrankung so sehr verändert hatte, stand im Mittelpunkt ihres Lebens. Immer mit dem Versuch, das, was sie über Jahre mit ihm verbunden hatte, noch zu sehen, um mit dem umgehen zu können, wie er danach geworden ist. Hanna hat mir erzählt – von der Liebe und dem gemeinsamen Wachsen. Und von dem Mann, der er gewesen war und der er später geworden ist. Von ihren Versuchen, mit Diagnosen, mit Therapien, mit Ärzt_innen, mit Freund_innen, mit Behörden umzugehen. Ein langer, schwieriger, unentwegter Kampf. Ein Kampf, ihn zu schützen und sich dennoch nicht selbst ganz und gar aufzugeben.

Unsere wenigen Gespräche über das Leben als pflegende Angehörige sind mir nicht mehr aus dem Kopf gegangen. Ich habe Hanna dann gebeten, ob sie eine derjenigen sein könnte, die auch öffentlich ihre Stimme erheben und für all jene sprechen, die unerkannt und unbekannt Pflege im Verborgenen leisten. Tagelang, monatelang, jahrelang. Die es nicht wagen, sich selbst einzugestehen, dass sie oft genug am Ende ihrer eigenen Kräfte sind. Ihrer physischen, psychischen, mentalen, existenziellen Kräfte.

Hanna hat – wissend, dass sie nur dann überleben kann, wenn sie mutig einen anderen Weg geht – ihren Mann losgelassen. Ihn in einer geschützten, beschützenden Atmosphäre einer Einrichtung gewusst und sich dann selbst auf den Weg gemacht, ihr Leben in die Hand zu nehmen und ihm dennoch immer zur Seite zu stehen. Hanna hat sich über traditionelle Rollenbilder behutsam hinweggesetzt, wohl wissend, dass sie ihrem Mann damit den Rahmen gegeben hat, den dieser gebraucht hat, um mit seiner schweren Erkrankung und seinem Fortgehen aus der realen Welt weiterleben zu können. Und um sich selbst davor zu bewahren, in Verzweiflung und Erschöpfung, in Trauer, Wut und Hilflosigkeit zu ersticken.

Hanna ist aus dem Verborgenen herausgetreten. Macht aufmerksam, hilft anderen Betroffenen, ihren Weg zu finden, sieht ihre eigene Geschichte als Chance, nicht als Versagen. Hanna ist eine Frau, die auch aus schweren, belastenden, schmerzlichen Zeiten und Ereignissen heraustritt und ihren Lebensplan neu gestaltet. Klar, reflektiert, authentisch.

Ich bin Hanna begegnet…

Birgit Meinhard-Schiebel

Präsidentin der Interessengemeinschaft pflegender Angehöriger

Vorwort

von Helga Rohra

'Ich bin wie du – wie du ...

nur irgendwie zerbrechlicher.''

Hanna begleitet ihren an FTD erkrankten Mann. Sie gewährt Einblick in Alltagssituationen, in ihre Privatsphäre, in ihr Seelenleben.

Danke Hanna, für deine Offenheit, ungeschminkte Wahrheit eurer Demenzreise. Worte sind meine Sprache trotzDEM.

Ich erkenne mich wieder in Schilderungen, ich versuche zu verstehen und spüre dieses Auf-und-Ab für alle.

Ja – es ist am Anfang, vor der Diagnose Klarheit, ein Verleugnen, eine Trauer dann wieder Aggression. Aber gegen mich! Nie gegen den Angehörigen!

Es ist meine Niederlage zu begreifen, mein sich Verlieren peu a peu.

Es gibt Momente, die sicherlich den Angehörigen an den Rand der Verzweiflung bringen.

Aber Hanna ist nicht nur die Partnerin, sondern auch die Managerin in dem neuen Leben mit Demenz! Eine kritische Beobachterin, ob es um Klinikaufenthalte, Medikamenten Verordnungen geht oder soziales Verhalten im engeren Umfeld (sei es Nachbarn oder frequentierte Geschäfte).

Sie hinterfragt und macht Mut zu hinterfragen und zu fordern: WAS fehlt den Angehörigen gleich nach der Gewissheit: es IST Demenz.

Anregungen zur eigenen Selbstreflexion sind auch zwischen den Zeilen zu lesen.

Beachtlich die ironischen Appelle an die Politiker: 'liebe Regierung..."!

Hanna ist eine Kämpferin für die Rechte und ein würdevolles Leben mit Demenz. Ebenso richtet sie ihre eindringliche Bitte an euch Angehörige:

sich nicht vergessen, auf die Signale des Körpers und der Seele achten.

Achtsamkeit ist eine Kernaussage!

Diese Haltung hilft auch, neue Facetten bei sich selber und ihrem erkrankten Mann zu sehen, zu erspüren.

Wenn sie sagt: „gerade die räumliche Trennung ermöglichte eine Nähe", ja dann ist es ein Reifen, ein Loslassen. Versuchen Sie es doch auch!

MmD brauchen Freiheit und ich behaupte:

„vervollständige mich nicht – nimm mich vollständig an"

Jede Reise, auch diese, trotzDEM hat ihren besonderen Reiz und sogar Momente der Freude, neu, irgendwie anders in einer Beziehung stehen!

Wir erleben Details über Wertigkeiten – Sexualität, Alltägliches etc. Alles, aber wirklich alles kriegt auch in meiner Haltung als MmD eine andere Dimension.

Ich bitte euch Angehörige: nehmt diese Hürden nicht allein! Eine psychosoziale Begleitung ist wichtiger und hilfreicher als jedes Medikament!

Und bitte nicht leben mit dem Statement:

„Eine Demenz ist immer etwas Grässliches ...“

Es gibt die Phasen, wo wir MmD „Ja“ zum Leben sagen – trotzDEM

Und meine MUTmach-Botschaft:

„Es geht um mehr –

es geht um Träume

es geht um DICH

es geht um mich“

Danke, Hanna!

Danke euch allen Angehörigen!

„Irgendwo musst du ein Engel sein

Irgendwo hat der Himmel dich vermisst“

München – 8.Mai 2019

Helga Rohra

Helga Rohra ist Demenzaktivistin und Betroffene und tritt bereits seit Jahren dafür ein, dass MmD mit Achtung und Wertschätzung begegnet wird, wie wir es auch für uns selbst wünschen.

Ihre Bücher:

Aus dem Schatten treten

Warum ich mich für unsere Rechte als Demenzbetroffene einsetze

ISBN/EAN978-3-940529-86-2

Mabuse Verlag 2011

Ja zum Leben trotz Demenz!

Warum ich kämpfe

ISBN/EAN978-3-86216-283-3

medhochzwei Verlag 2016

Einleitung

Was mir immer wieder auffällt – und das muss sich aus meiner Sicht dringend ändern –, ist, dass hauptsächlich über Menschen mit Demenzdiagnose gesprochen wird anstatt mit ihnen. Fakt ist, dass es nach der Diagnose noch sehr lange möglich ist, mit diesen Menschen in Dialog zu gehen, sie zumindest zum Teil in Entscheidungen einzubeziehen.

Das neue Erwachsenenschutzgesetz hat da ein gutes Zeichen gesetzt.

Ganz genauso geht es auch den Angehörigen. Mit ihnen wird gleichfalls selten und wenig gesprochen, aber über die „tollen" und „wichtigen" Angehörigen hört man in Reden von „maßgeblichen" Personen schon öfter.

Jahrelang habe ich – am Abend zu Hause sitzend, ziemlich geschafft von meinem anstrengenden Tag und nach dem Verlust meiner selbstständigen Tätigkeit, meiner damit einhergehenden Autonomie und meines Selbstwertgefühls – in den Medien einerseits gehört, wie hoch die Mehrkosten wären, wenn die Betreuung nicht zum Großteil von Angehörigen geleistet würde und andererseits, wie wichtig ich sei. Dass die Gesellschaft ohne Menschen wie mich niemals auskäme und dass ich und meinesgleichen – die pflegenden Angehörigen also – xxx Milliarden Euro kosten würden, was ein Mehrfaches von dem sei, das vergleichbare Regionen oder Länder bereit seien auszugeben.

Wisst ihr was, meine lieben Politiker, Mitbürger, Wirtschaftstreibenden? Lasst stecken, es interessiert mich nicht! Nichts von euch – nicht der Vergleich, nicht das Gerede! TUT ETWAS!

Tut etwas, so wie es einige wenige von euch schon schaffen!

In diesem Buch werde ich weder über Menschen mit Demenzdiagnose (MmD) noch über Angehörige von MmD, aber auch nicht über die Demenz selbst schreiben.

Wer das erwartet, der sollte sich ganz schnell für ein anderes Schriftwerk entscheiden.

Ich werde über mich, über meine Geschichte, über meine Schwierigkeiten und meine Sichtweise erzählen.

Ich erzähle auch über meinen Beitrag und meine Wünsche – für mich und für alle Menschen, die im engeren oder weiteren Sinn in Zukunft mit der Erkrankung „Demenz" konfrontiert sein werden.

Wer das lesen und vielleicht das eine oder andere selbst unterstützen oder beitragen möchte, den lade ich herzlich in die Welt meiner Gedanken und Emotionen ein.

Hanna Fiedler

Darf ich vorstellen?

Darf ich vorstellen?

Das ist **ADE**. Das ist sein Spitzname – wie er wirklich heißt, hat er vergessen.

Wir aber wissen es: Er hieß Alois D.(aniel) Erbgen.

ADE ist außerdem der Name der von mir gegründeten Selbsthilfegruppe für Angehörige von Demenzerkrankten mit Sonderformen der Demenz.

Und wenn man es langsam und wehmütig ausspricht,
dann hört man „**Ade!**" – Abschied nehmen.

Langsam, manchmal schmerzlich, manchmal bittersüß.

Doch immer Abschied.

Auch darum geht es unter anderem in diesem Buch.
Um das Abschiednehmen von dem Menschen, den wir kannten.
Und um das Begrüßen dieses fremden Wesens,
das uns eine Zeit lang begleiten wird.

Bis es eines Tages seinen Kopf ganz in den Wolken und die Wolken ganz in seinem Kopf hat.

ADE wird uns auf der Reise durch dieses Buch begleiten.

Und am Ende leise „Servus" sagen.

Teil eins:

Unser Leben zu dritt

Die Ballade von Franz und Hanna

Unser Leben zu dritt

Am 11. Juni 2018 bekam meine Welt einen Riss. Einen endgültigen. Franz, mein Mann, mein Geliebter, verlor den Kampf gegen seine Krankheit. Doch verloren hatte ich ihn schon Jahre zuvor – schleichend, manchmal unauffällig, doch manchmal auch laut und hässlich.

Demenz hat viele Gesichter. Grausame, bedrohliche, aber auch unerwartet zarte, leise, manchmal sogar schöne, in denen eine Nähe möglich ist, die man nicht mehr erwarten würde. Eine Nähe, die man schon lange vermisst hat, die man aber gar nicht mehr richtig zulassen kann.

Demenz hat bei jedem Menschen einen anderen Krankheitsverlauf, aber auch innerhalb jedes Verlaufs(-schrittes) gibt es Momente des Humors, der Verzweiflung oder einfach der unschuldigen Schönheit.

Der Beginn

Ich lernte Franz 1979 kennen. Ich war die Sekretärin des Chefs einer der größten Baufirmen Österreichs, er war in derselben Firma Betriebsrat und für die Mitarbeiter im Bereich Straßenbau zuständig. Lange Zeit hindurch waren wir nur Kollegen, erst fünf Jahre später wurden wir ein Paar. Zwei Jahre lang arbeiteten wir noch in derselben Abteilung, danach wechselte ich an einen anderen Standort. Fünf Jahre nach dem Kennenlernen zogen wir zusammen. Und weitere fünf Jahre später heirateten wir.

Franz und sein Universum

Mein Mann war schon immer schwierig, seit ich ihn kannte. Er war immer sehr auf sich selbst bezogen. Als ich dann quasi zu einem Teil seines Universums wurde, war auch ich wichtig – aber sonst gab es rund um ihn herum nicht viel, das zählte. Mir kam das sehr entgegen, denn ich bin ein Mensch, der sehr viel Freiheit braucht. Diese wiederum konnte er mir lassen, da es ihm wichtig war, dass auch er die seine behält. Deswegen funktionierte unsere Beziehung gut. Innerhalb der ersten Jahre, die ich ihn kannte, wurde seine Ich-Bezogenheit immer stärker. Meine Ehe war zu diesem Zeitpunkt schwer zu beschreiben.

Ich liebte meinen Mann sehr, noch mehr als in unserer ersten gemeinsamen Zeit. Ich hatte das Gefühl, dass er für mich alles tun würde. Er behandelte mich wie ein rohes Ei und ich befand mich in einem goldenen Käfig. Behütet, beschützt, aber auch ein wenig eingeschränkt in meiner Bewegungsfreiheit. Er chauffierte mich überall hin – zu Freunden, zu Ärzten und zu Terminen. Er hielt sich vornehm im Hintergrund wie ein Chauffeur, und er war immer für mich da. Also kein Grund zu klagen, kein Grund zu maulen. Mir ging es extrem gut. Und doch … irgendwas war da. Irgendwas war wie eine schwarze Wolke über mir. Und dieses „Irgendwas" war sein Verhalten.

Das Piiiiep wird immer häufiger

Sieben oder acht Jahre lang wurde es immer extremer. Als ich ihn kennenlernte, setzte er sich für andere ein, unter anderem in seiner Funktion als Betriebsrat. Doch irgendwann hatte er überhaupt kein Verständnis mehr für andere, nur noch für sich selbst. Er verstand plötzlich nicht mehr, dass man jemand anderem nicht zu nahe kommen darf; er verstand nicht mehr, dass man jemand anderen nicht berühren darf, wenn er oder sie das nicht möchte; er verstand nicht, dass manch zotiger Spruch einfach nicht angebracht und erwünscht war. Er verstand es nicht – im wahrsten Sinne des Wortes. Wenn man ihn darauf hinwies, kam als Antwort ein verblüffter Gesichtsausdruck und die Entgegnung: „Wieso? Ich habe ja gar nichts gemacht! Ich versteh das nicht!"

Franz war damals noch in der Firma tätig, als er zum ersten Mal – zumindest, soweit ich das mitbekommen habe – eine Verwarnung erhielt. An diesem Tag kam er ziemlich sauer von der Arbeit nach Hause und erzählte verständnislos, dass er „unbegründet" eine Abmahnung wegen sexueller Belästigung am Arbeitsplatz bekommen hätte. Er verstünde das gar nicht, weil er der jungen Kollegin ja nur gesagt hätte, dass sie ihre *Piiiiep* nicht so heraushängen lassen sollte, weil die Kollegen sonst einen *Piiiiep* bekommen und nur mehr ans *Piiiiep* denken würden, statt zu arbeiten. Wenn sie *piiiiep* wollte, dann sollte sie doch auf den *Piiiiep* gehen.

Ja, da fiel es mir zum ersten Mal bewusst auf, dass ein Gespräch mit ihm sehr oft aus Piepen bestehen würde, wäre es im Fernsehen zu sehen. Doch damals dachte ich noch: Aber wenn er mir das alles erzählt, kann ja nichts Schlimmes dahinterstehen, und so ist er nicht und überhaupt.

Ich sah ihm an, dass er wirklich und wahrhaftig nicht verstand, was falsch gewesen sein sollte. Als auch ich ihm sagte, dass das so nicht ginge – ich hatte damals ja noch keine Idee, dass er krank sein könnte –, entgegnete er nur: „Ich habe nichts getan!" Auch in der Folgezeit waren es immer alle anderen, die logen. Er selbst sah sich prinzipiell als unschuldig.

Wenig später hatte ich innerhalb eines Jahres zwei Eingriffe am Herz und einen Schlaganfall. Franz war äußerst besorgt und besuchte mich täglich im Krankenhaus. Da merkte ich, wie er mit den Schwestern sprach, wenn er glaubte, ich höre ihn nicht. Und wie wenig er sich um die Wertschätzung anderer Menschen gegenüber kümmerte, wenn er Dinge „für mich" durchsetzen wollte.

Er fing an, sich seine eigene stimmige Welt zu bauen – oder hatte sie sich schon gebaut –, und übersiedelte jetzt mehr und mehr dorthin. Ab diesem Zeitpunkt begann es für mich schwierig zu werden.

Gegen alle Regeln

Er baute seine Welt um sich selbst herum und spann sich seine eigene Geschichte so zusammen, wie sie für ihn passte. Und ab einem gewissen Stadium machte er auch keinen Unterschied mehr, ob ihm ein männliches oder ein weibliches Wesen gegenüberstand.

So sagte er eines Tages zu unserem Hausmeister, der die Stiege putzte: „Putzt du eh schön? Kannst du das eh gut?" Als dieser bejahte, meinte mein Mann: „Dann kannst du da weitermachen!" – und zeigte auf seinen eigenen Hosenschlitz.

Der Hausmeister kam natürlich – wie viele andere ebenfalls – zu mir und beschwerte sich über ihn. Egal, ob Mann oder Frau – Franz überschritt ständig die Grenzen der anderen. Und er konnte es nicht wahrnehmen. Am Ende kamen dann wirklich alle zu mir. Ich weiß nicht mehr, wie oft ich in dieser Zeit gehört habe, ich solle ihm Einhalt gebieten. Wie leicht sich das sagt!

Wöchentlich wurde ich von Menschen in unserer Umgebung darauf angesprochen, dass er sich unglaublich distanzlos verhielt, dass er sich Männern gegenüber drohend zeigte, Frauen jedoch sehr schnell annäherte, auch durch sexuelle Gesten und Aussagen. Das war aber nicht der Fall, wenn ich an seiner Seite war. Und genau das fiel auch diesen Personen auf, die dann meinten, ich solle darauf achten, dass er ... ich solle dafür sorgen, dass er ... ich solle ...

Liebe ich – oder wen liebe ich?

Aber ich konnte nicht! Ich liebte diesen Mann sehr. Wobei – „diesen Mann" ...? Das fragte ich mich dann oft. Liebte ich diesen Mann? Oder liebte ich den Mann, der er einmal gewesen war? Oder liebte ich das Bild eines Mannes, das ich glaubte, in ihm zu sehen?

Um diese Gänseblümchen-Situation – *ich lieb ihn, ich lieb ihn nicht, ich lieb ihn ...* – zu ordnen, nahm ich mein Recht auf psychosoziale Begleitung in Anspruch und ordnete meine Gedanken mithilfe eines professionellen Lebensberaters. „Ich glaube, ich muss mich scheiden lassen, damit es für ihn zumindest ein Schuss vor den Bug ist. Auf der emotionalen Ebene möchte ich das nicht, denn ich liebe ihn – aber so kann es nicht weitergehen.

Ich halte es nicht mehr aus, wie er mit anderen Menschen umgeht."

Ich lieb ihn,

ich lieb ihn nicht,

ich lieb ihn

...

Weihnachten 2011 war es dann so weit. Ich wusste, dass ich noch einige Gespräche mit meinem Mann führen musste, weil ich ihn eben sehr lieb hatte, die Zeichen aber standen – infolge seines unverständlichen Verhaltens – auf Trennung und vermutlich Scheidung.

Er verstand überhaupt nicht, worüber ich mich aufregte, woran ich mich stieß. Er war absolut überfragt, was an den Dingen, die ich ihm vorhielt, schlimm sein sollte!

Wo war das Problem, eine fremde Frau danach zu fragen, ob er sie kurz *piiiiep* dürfte?

Ich war verzweifelt. Ich merkte, dass er nicht so tat, als ob er nicht verstünde, sondern sich wirklich komplett missverstanden und zu Unrecht beschuldigt fühlte. Ich merkte aber auch, dass ich damit nicht mein restliches Leben zurechtkommen konnte.

Ich begann, mich mit der Idee einer Scheidung ernsthaft auseinanderzusetzen.

Und noch immer war nicht klar, was mit ihm los war.

Schlag auf Schlag(anfall)

Mit 1.1.2012 ging Franz in Pension, hielt sich aber immer noch oft in der Firma auf. Bis er im Winter dann – aus den hinlänglich bekannten Gründen – Hausverbot bekam.

Ich hatte gehofft, es würde nach seiner Pensionierung alles besser werden, das wurde es aber nicht. Eines Tages, im Jänner 2013, saß ich an meinem Computer und informierte mich im Internet, wie man so eine Trennung durchzieht, was zu beachten ist und was man tut. Speziell, wenn der Partner so gar nicht verstehen will, warum eine Trennung sein muss.

Er war mit Kumpels beim Kegeln und ich dachte gerade, dass er dort auch genug Möglichkeiten zum Pöbeln finden würde, als plötzlich das Telefon klingelte.

„Spreche ich mit Frau Fiedler? Nicht erschrecken, ich bin Rettungsnotarzt. Ihr Gatte hatte vermutlich soeben einen Schlaganfall und seine Kollegen haben uns gerufen. Wir bringen ihn jetzt ins Krankenhaus. Kommen Sie bitte dorthin, direkt in die Stroke Unit, die Schlaganfall-Notfallabteilung. Es ist dringend, er kann sich links nicht mehr bewegen. Wir fahren jetzt.“

Das „Gespräch" wurde abgebrochen und ich fühlte mich, als hätte ich eins auf den Kopf bekommen.

Dann fokussierte ich mich auf das Naheliegendste:

Was war im Augenblick zu tun? Einige Sachen für ihn einpacken, die Papiere, Morgenmantel, Waschzeug ... und dazwischen immer wieder die Tränen wegwischen.

So wollte ich keine Trennung – so nicht! Im Krankenhaus angekommen, suchte ich total verheult, verzweifelt und verunsichert eine Schwester oder einen Pfleger, um mehr zu erfahren. Vom Portier wurde ich in einen kleinen Raum geschickt, in dem ich auf den Arzt oder eine Schwester warten sollte. Man würde sich um mich kümmern, wurde mir gesagt.

Und dann begann eine – gefühlt ewig dauernde – Wartezeit.

Mehrere Male gingen Menschen an dem Raum mit der offenen Türe vorbei. Viele Menschen, die – wie anhand der Kleidung unschwer erkennbar war – im Krankenhaus arbeiteten, schauten mich an. Nur das. Nicht mehr. War das ein mitleidiger Blick, fragte ich mich immer wieder. War etwas Schlimmeres passiert in der Zwischenzeit? Oder waren die Blicke vorwurfsvoll?

Konnte er sich selbst hier nicht benehmen?

„Ist der immer so?"

„Frau Fiedler?", hörte ich plötzlich eine Frauenstimme. „Sagen Sie – ist der immer so?" Auf meine Frage „Wie genau ist er denn?" erzählte die Schwester, dass er bei der Einlieferung halbseitig gelähmt gewesen war. Er konnte seine linke Seite kaum verwenden, sie hing schlaff hinunter. Nachdem er glücklicherweise rechtzeitig behandelt werden konnte, löste sich die Lähmung mithilfe von Medikamenten relativ rasch. Und sobald er seine Hand und seinen Arm wieder halbwegs bewegen konnte, begann er damit, die jungen Schwestern zu begrabschen. Er nutzte jede Gelegenheit, sie unsittlich zu berühren. Die Pfleger und Ärzte beschimpfte er unflätig, erfuhr ich brühwarm.

Ich selbst hatte ihn nie so erlebt – also wollte ich die Gelegenheit nutzen und mir selbst ein Bild machen. Doch kaum sah er mich, war er wieder der zuvorkommendste Mensch der Welt, arm und zerbrechlich, liebevoll und schmerzempfindlich.

Mein Herz vergaß sofort, was mir Minuten zuvor erzählt worden war. Ich schob es einfach weg und redete mir ein, dass ihn halt niemand verstand und keiner so kannte wie ich.

Er meint das ja nicht so! Doch kaum war dieser Gedanke fertig gedacht, griff er blitzschnell der Schwesternschülerin an den Busen. Dass ich am Bett saß und seine Hand streichelte, beeindruckte ihn dabei nur wenig. „Bin schon wieder flott", war sein lapidarer Kommentar.

Ich schluckte meine Bestürzung hinunter. „Ich komme dann morgen wieder, du musst jetzt ein wenig schlafen", sagte ich zu ihm und verließ das Krankenhaus, so schnell ich konnte.

Die Gedanken an die Trennung waren verflogen – auch wenn ich immer weniger mit seinem Benehmen zurechtkam.

Ein pubertierender 68-Jähriger

Draußen war es in der Zwischenzeit kalt geworden. Es war Nacht und es hatte zu regnen begonnen. Doch in jenem Moment war alles besser, als in diesem Krankenraum zu bleiben – mit einem Mann, dessen Bild ich zwar ziemlich gut kannte, der mir aber als Person unendlich fremd geworden war. Eigentlich mochte ich diese Person auch nicht – eigentlich ...

Zu jenem Zeitpunkt wusste ich noch nicht, dass ich meinen Mann niemals wiedersehen würde. Ich würde mit diesem – so empfand ich ihn zumindest – „pubertierenden" 68-Jährigen leben.

Während seines Aufenthalts im Spital wurde ein MRT gemacht, auf dem man normalerweise die für Demenz typische beginnende Schrumpfung des Gehirns hätte erkennen können – wenn man darauf geachtet hätte. Doch offenbar war man in der Abteilung so sehr damit beschäftigt, den anstrengenden, lästigen und unangenehmen Patienten loszuwerden, dass sich niemand die Mühe machte, genauer hinzusehen. Das ist übrigens kein Vorwurf von meiner Seite – der Blick der Ärzte war auf die Auswirkungen des Schlaganfalls gerichtet, alles andere wurde einfach nicht wahrgenommen.

Wir wussten also immer noch nicht, was mit Franz los war. Die anderen waren davon überzeugt, das sei eine Charakterschwäche: „Er ist halt so." Ich kannte meinen Mann aber so nicht. Wann immer ich in seiner Nähe war, war er meist anders. Ganz anders. Das wurde mir von meinem Umfeld auch immer bestätigt: „Wenn Sie da sind, ist er nicht so." Ich kam mir vor wie eine Mutter, deren Kind immer nur schlimm ist, wenn sie nicht dabei ist.

Natürlich gab es auch „Ausrutscher", wie der eine oder andere Busen einer Krankenschwester, aber im Großen und Ganzen benahm er sich.

Wieso er in meiner Gegenwart anders war, erkläre ich mir damit, dass er dann von mir abgelenkt, auf mich fixiert war. Er hatte sein Verhalten nicht unter Kontrolle, auch wenn es nach außen den Eindruck machte. Und wenn ich da war, fokussierte er sich einfach auf mich. Aber natürlich begrabschte er auch mich.

Der erste Riss – tiefe Verletzungen

Franz machte auch mir gegenüber Aussagen, die mich tief verletzten.

Eines Tages hatten wir eine Unterhaltung, bei der es ganz allgemein darum ging, warum man mit jemandem zusammen ist.

Er sagte im Laufe dieses Gesprächs: „Dir geht es gut bei mir, du bekommst alles, was du brauchst. Ich sorge für dich." Ich erwiderte spöttisch: „Du wirst ja auch etwas davon haben." Daraufhin meinte er mit einer absolut freundlichen Miene: „Ja, ein Loch, das ich verwenden kann." Man kann sich vorstellen – oder vielleicht auch nicht –, wie schmerzlich es ist, solche Worte aus dem Mund des Menschen zu hören, den man liebt.

Ein anderes Mal sagte er mir: „Wir sind ja nur deswegen zusammengekommen, weil du die Sekretärin vom Chef warst und ich gehofft habe, dass du mir Insiderinfos gibst."

Die andere – ursprüngliche – Erzählweise der Geschichte war: „Ich habe dich beim ersten Mal, als wir uns gesehen haben, schon geliebt und wusste, dass wir irgendwann zusammenkommen würden."

Franz war zu diesem Zeitpunkt bereits krank – das wusste ich nur nicht. Seine Aussagen waren für mich ein ordentlicher Brocken und ich hatte keine Ahnung, wie ich damit umgehen sollte. Wollte er mir wehtun? So, wie er mich ansah, hatte ich nicht das Gefühl.

Ich habe es immer gespürt, wenn mir jemand absichtlich wehtun wollte.

Meine Großmutter zum Beispiel war darin eine ungeschlagene Meisterin gewesen. Ich hatte schon in sehr jungen Jahren gewusst: *Jetzt will sie mich wieder verletzen.* Daher hatte ich es geschafft, emotional zuzumachen, und ihre Versuche, mir wehzutun, waren an mir abgeprallt.

Die Kommunikation meines Mannes hingegen war extrem inkongruent. Ich hatte niemals das Gefühl, dass er mich verletzen wollte – das, was er sagte, war in dem Augenblick, als er es sagte, für ihn eine Tatsache. Auch wenn vorher alles anders gewesen war.

Es war eine Herausforderung für mich, irgendwie damit klarzukommen. Ich hatte das starke Gefühl, dass etwas nicht stimmte. Darauf, dass das der Beginn einer Demenzerkrankung war, wäre ich allerdings nicht gekommen. Ich hatte – trotz meiner Ausbildungen – keine Ahnung, dass Demenz diese Formen annehmen kann.

Später wusste ich es natürlich: Es war nicht er. Es war seine Krankheit.

„Sorgen Sie dafür, dass er das nicht macht!"

Einige Wochen später hatte Franz den zweiten Schlaganfall und wurde erneut ins Krankenhaus eingeliefert. Ein paar Tage danach, als ich ihn wie jeden Tag besuchte, kam der Oberarzt auf mich zu und meinte: „Jetzt müssen wir dann aber irgendwas mit ihm unternehmen! Heute Nachmittag ist er im Bett einer fremden Frau gelegen und meinte, da ist es schön warm und kuschelig, da bleibt er. Sorgen Sie dafür, dass er das nicht macht!"

Ich war sprachlos. Zumindest kurz. Dann sagte ich: „Da wird er wahrscheinlich recht haben, dass es dort wärmer ist als in seinem Bett. Und ich bin nicht den ganzen Tag da – ist Ihnen das aufgefallen? Sie sind den ganzen Tag da, ich nicht. Was also genau soll ich machen?"

Am nächsten Tag, als ich kam, stand Franz neben sich. Total. Man hatte ihn fünfpunktfixiert, also an Armen, Beinen und Bauch festgeschnallt. Von Donnerstag bis Montag musste er so bleiben – ich war machtlos. Wahrscheinlich wurde er auch medikamentös ruhiggestellt. Auf die Idee, dass er dement sein könnte, kam man auch hier nicht, obwohl es im Haus großartige Neurologen gab.

Schlaflos in Wien

Nach der Schlaganfallbehandlung und einer Karotis-Operation mit darauffolgendem Durchgangssyndrom (Delir, siehe Kasten) kam Franz wieder nach Hause. Es war das Gleiche wie beim ersten Mal: „Sie können besser mit ihm." Also hatte ich einen schwerkranken Mann mit immer größeren psychischen Problemen zu Hause.

Vier Tage später musste ich ihn erneut ins Krankenhaus bringen lassen. Obwohl er eine Dosis Schlafmittel genommen hatte, die einen Bären betäubt hätte, konnte er keine Minute schlafen. Er selbst bat mich am vierten Tag, die Rettung zu rufen.

Das tat ich. Ich hatte Angst davor, wie er reagieren würde, wenn sie wirklich mit der Bahre dastünden. Daher sagte ich gleich am Telefon, dass Franz schon von Haus aus eine schwierige Persönlichkeit habe und dadurch, dass er eben seit Tagen nicht geschlafen hatte, entsprechend gereizt sei. Die Demenzdiagnose gab es – wohlgemerkt – zu diesem Zeitpunkt noch immer nicht.

Als sie kamen, zwei Sanitäter mit dem Notarzt, war das für meinen Mann wie eine Hypnoseinduktion: Sie läuteten an der Gegensprechanlage an, und im gleichen Moment schlief Franz ein. Er war völlig weg. Wie mit einem Fingerschnipsen bei einer Showhypnose. Sie fuhren mit ihm ins Krankenhaus, ich kam mit.

In dem Augenblick, als der Rettungswagen stehen blieb, war Franz wieder wach. Hellwach. Und seine Probleme traten stärker hervor als je zuvor.

Im Vorraum der Ambulanz versuchte er – wie schon beim vorigen Krankenhausbesuch –, wiederum alle Patienten von ihren Tropfen und Schläuchen zu „befreien". Er war extrem aggressiv, speziell dann, als er auf die Toilette wollte und ihn der Arzt in eine andere Richtung schob. Schließlich drehte er sich um und boxte den Arzt in den Bauch. Auch auf mich ging er los, als ich ihn festhalten wollte, einfach weil er mich in diesem Augenblick nicht erkannte. Er wurde mit Unterstützung der Polizei abtransportiert und in die geschlossene Psychiatrie des Otto-Wagner-Spitals zwangseingeliefert.

Mir kam in dieser Zeit der Zeitbegriff völlig abhanden. Ich weiß nicht mehr, wann ich in welches Spital fuhr, und ich kann die Zusammenhänge nur noch skizzenhaft herstellen. Ich arbeitete damals noch Vollzeit, verantwortete einen Ausbildungskurs und war in der Mittagspause im Spital.

Als Durchgangssyndrom werden generell unspezifisch ausgelöste Psychosen bezeichnet, die unter anderem im Zeitraum nach großen chirurgischen Eingriffen auftreten können. Die betroffenen Patienten sind unkooperativ, aufgeregt und verwirrt. Es kann dabei zu Bewusstseinsstörungen, Verwirrtheit, Desorientierung und aggressivem Verhalten kommen. Bei Franz wurde das Delir vermutlich durch die Operation ausgelöst. Bei ihm äußerte es sich so, dass er versuchte, im Krankenhaus andere Patienten von ihren Schläuchen und Kathetern zu „befreien", was verständlicherweise nicht auf große Gegenliebe stieß.

Der Zombie unter meinem Dach

Als ich ihn sechs Wochen später wieder zurückbekam, war er „eingestellt", wie man so schön sagt – vollgepumpt mit schweren Medikamenten. Er war schwer abhängig von Demesta, einem schnell wirkenden, starken Schlafmittel, und anderen Tabletten wie Haldol (siehe Kasten). Letzteres verursachte bei ihm Krämpfe im Nacken und im Rücken, er hatte heftige Kopfschmerzen, starrte nur auf den Boden und benahm sich so, wie ich mir einen Zombie vorstelle.

„Psychotische Persönlichkeitsstörung mit unkooperativem Verhalten und Neigung zu dissozialer Persönlichkeit", wurde mir gesagt. Dass da von meinem Franz die Rede war, konnte ich emotional nicht verstehen. Aber ich hatte auch keine Zeit, darüber nachzudenken. Ich musste funktionieren.

Mir war allerdings auch klar, dass es so nicht weitergehen konnte. Nicht für ihn, aber auch und erst recht nicht für mich!

Meine Gesundheit war angegriffen, ich war einfach nur noch mürbe und ich wusste weder aus noch ein.

Verzweifelt versuchte ich herauszubekommen, weswegen Franz so „verpeilt" war, und erkannte bald, dass die Medikation seiner Verwirrung nicht gerade dienlich war. Niemand konnte oder wollte mir jedoch sagen, wann diese Medikamente wieder abgesetzt werden könnten. Niemand fand sich dafür zuständig. Erst zwei Wochen später endlich sprach ich mit einem befreundeten Arzt, der mir half, ihn von den starken Tabletten zu entwöhnen und auf andere Medikamente einzustellen. Der Entzug von Haldol war relativ schnell erledigt. Danach meinte er: „Wenn du es schaffst – wenn du es dir wirklich zutraust –, dann entwöhnen wir ihn noch kalt von Demesta."

Ein kalter Entzug ist niemals lustig. In keiner Weise. Und angeblich ist dieses Medikament ähnlich schlimm zu entwöhnen wie Heroin. Ich kann das aus meiner Sicht – auch wenn ich keine Vergleichswerte mit Heroin habe – nur bestätigen. Franz führte sich furchtbar auf, es war unsäglich. Was die Situation mit mir gemacht hat, kann ich nicht sagen – ich habe in dieser Zeit nur funktioniert. Nicht mehr und nicht weniger.

Haloperidol ist ein hochpotentes Neuroleptikum aus der Gruppe der Butyrophenone und wird unter anderem zur Behandlung akuter und chronischer schizophrener Syndrome sowie bei akuten psychomotorischen Erregungszuständen eingesetzt. (Quelle: Wikipedia)

Endlich Klarheit

Ausschlaggebend für die endgültige Diagnose war eine Sozialarbeiterin am Rosenhügel, wo Franz wegen seines Schlaganfalls in Rehabilitation war. Auch dort konnte das medizinische Personal nichts mit ihm anfangen, weil er, milde ausgedrückt, unkooperativ war – außer ich war da, dann spielte er mit. Diese Sozialarbeiterin brachte mich dazu, eine Untersuchung bei einer speziellen Stelle für psychische Erkrankungen im Alter und demenzielle Erkrankungen zu veranlassen, und machte gleich vor Ort einen Termin für mich aus.

Und endlich, endlich wurde er wirklich untersucht und befragt, unbeeindruckt von seinem exzentrischen Verhalten. Bei ihm wurde Frontotemporale Demenz diagnostiziert, eine spezielle Form der Demenz, die durch seine Schlaganfälle noch verstärkt worden war. Er war also schon seit Jahren krank gewesen – seit den Schlaganfällen war die Krankheit einfach stärker erkennbar.

Frontotemporale Demenz lautete die Diagnose, die endlich Klarheit brachte. Im Frontallappen und im Seitenlappenbereich des Gehirns – so wurde mir erklärt – sterben dabei Gehirnzellen ab. Da das die Bereiche sind, in denen jene Informationen gespeichert werden, die für unser soziales Zusammenleben zuständig sind, erklärte das die Situation, in der wir uns befanden.

Das erlernte Sozialverhalten, das Benehmen, der Umgang mit anderen Menschen wird langsam vergessen. Nicht das Kurzzeitgedächtnis, nicht das Personenerkennen und nicht der Umgang mit Geld sind beeinträchtigt. NUR das Benehmen. NUR das! Zumindest am Anfang.

Mehr zu den Demenzformen finden Sie hinten in Teil III.

Die Diagnose war ein Hammerschlag auf den Kopf, auch wenn sie gleichzeitig Erleichterung verschaffte. Auf der einen Seite hatte ich es nun schwarz auf weiß: Mein Franz war kein ekelhafter Macho, der sich über alle Bedürfnisse und Grenzen anderer hinwegsetzte. Er war krank. Auf der anderen Seite gab es dieses Bewusstsein in mir: Ich habe ihn verloren, ich werde meinen Franz nie wiederhaben. Er würde nie mehr da sein, nicht der Mensch, der er einmal gewesen war.

Bis dahin hatte ich immer die Hoffnung gehabt, dass er gesund werden würde, dass er wieder so sein würde wie vorher, in der guten Zeit. Diesen Gedanken musste ich mir nun ein für alle Mal aus dem Kopf schlagen. Wie oft hatte ich gesagt: „Du, nächstes Jahr im Sommer lachen wir schon wieder darüber." Nun musste ich mir eingestehen, dass wir nie mehr gemeinsam darüber lachen würden.

Wie sollte ich in der nächsten Zeit damit nur umgehen?

Ich musste lernen, wie diese Demenz funktioniert!

Mir schossen unzählige Fragen durch den Kopf: *Was mache ich jetzt? Was bedeutet diese Diagnose?* Und natürlich kam als einer der ersten Gedanken: *Wie lange habe ich ihn noch?*

Und doch Unklarheit

Man findet wahnsinnig viele medizinische Sachen, aber nichts Konkretes. Was mich damals fast zur Verzweiflung trieb. Mittlerweile weiß ich, warum: Weil man es nicht sagen kann – jeder Verlauf, jeder Patient ist anders. Was die Prognose der Lebenszeit betrifft ebenso wie in vielen anderen Bereichen.

Franz hätte noch 25 oder 30 Jahre damit leben können, es hätte aber auch sehr schnell mit ihm zu Ende gehen können.

Auch die Wirkung von Medikamenten kann bei jedem Patienten variieren.

Das Problem ist nicht nur der individuell unterschiedliche Verlauf, sondern auch, dass es keine gebündelten Informationen gibt (siehe auch Teil III – Formen der Demenz).

Angehörige können sich selbst ein Puzzle aus unterschiedlichen Quellen zusammentragen. Auch das ist ein Anliegen von mir: Ich möchte mit diesem Buch hier Abhilfe schaffen.

Der Alltag mit einem Demenzerkrankten wird dadurch nicht leichter, doch es hilft ein wenig, wenn man nicht zusätzlich noch Stunden und Tage mit der Recherche für die Beantwortung einer Frage aufbringen muss: Ist das normal?

Konkrete Aussagen können hier helfen. Mir hätte es sehr geholfen, und aus meiner Praxis erlebe ich, dass es auch anderen hilft. Es gibt uns Angehörigen die Bestätigung, dass wir nicht verrückt sind. Dass wir nicht allein sind.

Der ganze Alltag, alles scheint ver-rückt. Ich hatte damals den Eindruck, als wollte ich ein Puzzle zusammensetzen und es wären die Steine von mindestens acht verschiedenen Puzzles in einer Schachtel. Nichts passte. Und nichts passte zusammen. Mein Kopf konnte sich auf vieles keinen Reim machen.

Wenn wir wissen, dass alle diese Steine in einem Bild vorkommen dürfen, dann tun wir uns leichter.

Unser Leben mit der Demenz

Ich war damals so beschäftigt mit Kümmern, dass ich nicht viel Zeit zum Unglücklichsein hatte. Ich musste mich um Arzttermine kümmern, um die Firma, um den Haushalt, um die Buchhaltung, darum, dass Franz keinen Blödsinn machte ... Ich konnte mich nicht auch noch um mich selbst kümmern.

Ich musste meine Praxis für Lebens- und Sozialberatung schließen, die ich mir mühevoll aufgebaut hatte, nachdem ich aus der Baufirma ausgestiegen war. Ich war 24/7 für Franz da. Wenn ich einen Weg hatte, dann war das kein großes Problem. In meinem Grätzel kannten mich alle, und alle kannten meinen Mann. Wenn er unterwegs war – was zu dem Zeitpunkt noch möglich war –, dann hatte er quasi sein Sicherheitsnetz aus Menschen, die ihn kannten.

Ihn in der verschlossenen Wohnung zurückzulassen, wäre quasi eine schwere Straftat – Freiheitsentzug – gewesen.

Auch das ist emotional eine große Herausforderung. Einen Menschen, den man liebt, von dem man weiß, dass er dement ist, allein herumlaufen zu lassen, ihn den Reaktionen der Passanten auszusetzen, zu riskieren, dass er vor ein Auto läuft oder anderes Schlimmes passiert ... das ist alles andere als einfach.

Ich konnte und durfte Franz dennoch nicht einsperren. Oft wurde ich gefragt: „Und was ist, wenn er nicht zurück nach Hause findet?"

Meine Antwort klang härter, als mir innendrin zumute war: „Entweder ich bekomme einen Anruf, dass er irgendwo erfroren ist oder dass er eingeliefert wurde. Oder er findet wieder nach Hause. Was immer es ist – ich muss damit leben."

Ich hatte keine andere Möglichkeit, als hart zu mir selbst zu sein. Ich wäre sonst seelisch draufgegangen.

Manchmal aber war mir – trotz aller Belastungen und Sorgen – doch zum Lachen. Zum Beispiel an jenem Tag, als Franz im Biergarten eines Lokals einen Mann sah, der einen Kuchen aß. Er ging zielgerichtet auf ihn zu, nahm dem überraschten Herrn die Kuchengabel aus der Hand, schob den Teller zu sich und sagte: „Das Gute gehört eh mir, gell?"

Der Gesichtsausdruck dieses armen Mannes war einfach unbezahlbar!

Zwei Stunden in der Woche, die ich mir wirklich nur für mich selbst nahm, hatte ich in dieser Zeit. Ich ging zu Netzwerktreffen mit anderen Berufstätigen, bunt gemischt aus allen Branchen. Das holte mich für kurze Zeit aus meiner Welt, da konnte ich an anderes denken, durfte jemand anderer sein. Ich konnte ich sein. Danach kehrte ich zurück in meinen Alltag zwischen Kümmern und Tun.

„Kindergarten" für Erwachsene

Später ging Franz ins Tageszentrum. Ich hatte es nicht geglaubt, aber es war tatsächlich gut für ihn. Aus heutiger Sicht weiß ich: Sowohl das Tageszentrum als auch das Heim waren besser für ihn, als bei mir zu Hause zu sein. Nicht, weil ich so böse oder grauslich zu ihm war, sondern weil ich ihm Sozialkontakte vorenthalten hatte. Ich war der Meinung gewesen, dass er sich nur zu Hause wohlfühlte.

Aber – was ist ein Zuhause? Ein Ort, an dem man sich wohlfühlt, an dem man angenommen wird. Wo man Freunde und Verwandte treffen kann. Ein Ort, der mit Emotionen verbunden ist und an dem man vollständig man selbst sein kann.

Als ich meinem Mann die sozialen Kontakte „wegnahm", nahm ich ihm gewissermaßen sein Zuhause. Dort im Tagesheim hatte er das alles wieder.

Er wurde gegen neun Uhr abgeholt und gegen 16 Uhr heimgebracht. Ich konnte in der Zeit, in der er weg war, vieles erledigen, und er hatte Menschen um sich, mit denen er spielen und sich unterhalten konnte. Kegeln war ja sein Sport, und in der Tagesstätte gab es eine Spielekonsole mit interaktiven Spielen, auf der die Gäste des Zentrums quasi virtuell kegeln und andere Spiele spielen konnten. Manchmal legte er sich auch am Nachmittag dort auf die Bank und machte ein Nickerchen.

Zweieinhalb Jahre lebten wir so. Er war untertags im Tageszentrum, ich hatte endlich ein wenig Luft, um mich um alles zu kümmern.

Ein weiterer Riss - Franz im Heim

Die Entscheidung, meinen Mann letztendlich ins Heim zu geben, wurde nicht von mir selbst getroffen. Sie wurde mir abgenommen. In erster Linie von meinem eigenen Körper, der streikte. Ich hatte jahrelang im wahrsten Sinne des Wortes alles hinuntergeschluckt. Mein Körper reagierte irgendwann darauf mit einem massiven Reflux. Ich war bis zur Nasenschleimhaut hinauf verätzt und auf der Suche nach Behandlung. Nach längerer Suche und über diverse Empfehlungen kam ich an einen Arzt im AKH, den einzigen, der für eine Operation, wie ich sie brauchte, spezialisiert war. Er sagte mir auch ganz klar und deutlich, dass die Operation keinen Aufschub duldete. Die Gefahr, dass das Gewebe entartete, war zu groß.

Ich hatte also keine andere Wahl, als für Franz einen Platz zu suchen. Das Heim, das ich fand – der einzige Platz, der so kurzfristig zu bekommen war –, war nicht optimal ausgerüstet für seine Bedürfnisse, aber da mussten wir durch. Vier Monate blieb er dort. Ich hatte gedacht, dass ich ihn viel früher würde zurückholen können, aber ich schaffte es trotz aller Bemühungen, allen Wollens nicht. Mein Körper hatte w. o. gegeben.

Nach der Operation war ich auf Reha, ich musste neu lernen zu essen, ich musste lernen, für mich selbst zu sorgen. Ich war sicher, ich würde ihn danach wieder nach Hause holen können. Doch das war ein Irrtum. Ich war körperlich schlichtweg nicht in der Lage, etwas für ihn zu tun. Zugleich bemerkte ich, dass er im Heim besser dran war als zu Hause. Er hatte Ansprechpersonen, man kümmerte sich um ihn und er wurde nicht weggeschickt.

In unserer Umgebung war es mittlerweile so, dass er in vielen Häusern Lokalverbot hatte, weil er sich einfach nicht mehr zu benehmen wusste. Er durfte nicht einmal mehr zum Hofer einkaufen gehen – selbst dort bekam er Hausverbot. Die Geschichte dazu gibt es weiter hinten im Buch.

Ich war sechs Wochen außer Gefecht gesetzt. Als ich ihn nach dieser Zeit wieder besuchen konnte, bemerkte ich, dass sich sein Zustand stark verschlechtert hatte.

Dann schließlich war es so weit, dass auch in diesem Heim der Zenit erreicht war. Die Anstalt war nicht auf Demenzpatienten wie ihn eingerichtet und wir kamen wieder einmal an den Punkt, dass man ihn nicht länger behalten konnte.

Sein letztes Zuhause

Ich machte mich also auf die Suche nach einem Haus, in dem man auf seine spezielle Demenzform eingestellt war und damit umgehen konnte. Auf diesem Weg kam ich zur Caritas Socialis auf dem Rennweg in Wien. Neben dem Hospiz gibt es dort eine Station, in der man nicht nur auf Demenzpatienten, sondern auch generell auf schwierige und verhaltensauffällige ältere Personen spezialisiert ist. Doppeljackpot also – falls man in dieser Situation so etwas überhaupt denken darf!

Ich überredete mich quasi selbst dazu, Franz hinzubringen. Diese Entscheidung zu treffen war eine der schwersten in meinem Leben – und das, obwohl ich selbst kaum mehr konnte.

Anderthalb Jahre lebte er dort. Ich war regelmäßig bei ihm, mindestens dreimal pro Woche. Die letzten drei Wochen seines Lebens schließlich war ich täglich bei ihm.

Wie oft habe ich in dieser Zeit von Freunden und Bekannten zu hören bekommen: „Du brauchst ihn nicht so oft zu besuchen – er bekommt es ja eh nicht mit."

Ja, das stimmte auch zum Teil. Er hätte es zwar emotional gemerkt, aber nicht gebraucht. Ich selbst habe es gebraucht. Ich brauchte jeden einzelnen Tag mit ihm. Ihn zu sehen. Wichtig zu sein. Ich wollte gebraucht werden. Wenn ich mitbekam, dass es ihm dort besser ging als zu Hause, überlegte ich tatsächlich, was ich falsch gemacht hatte. Wie das sein konnte. So etwas kratzt doch ein bisschen am Ego.

Ganz nahe bei ihm

Auf der anderen Seite ermöglichte uns gerade diese räumliche Trennung eine Nähe, die uns sonst versagt geblieben wäre. Die Zeit, die wir miteinander verbringen durften, gehörte uns beiden. Ungeteilt. Zu Hause hatte ich – selbst, wenn ich mir die Zeit nahm, mich mit ihm hinzusetzen – immer im Kopf: Was ist als Nächstes zu tun? Was muss ich noch einkaufen? Ist noch etwas Dringendes zu erledigen? Das war immer in meinen Gedanken. Jetzt konnte ich gemütlich mit der Straßenbahn hinfahren, und sobald ich bei ihm war, gehörte diese Zeit ausschließlich uns beiden. Ich musste mich nicht darum kümmern, ob er Windeln brauchte, ob er duschen wollte, ob er etwas vom Arzt benötigte ... das alles war nicht mehr mein Job. Und wenn ich ging, dann wusste er, ich komme am nächsten Tag oder zwei Tage später wieder. Ich ging hinunter, trank noch in Ruhe einen Kaffee und war wieder draußen. Es gab ein Ankommen und einen Abschluss. Beides gehörte zu unserer gemeinsamen Zeit, die wir miteinander genießen konnten. Dadurch entstand eine große Nähe. Wir konnten blödeln, Dummheiten machen, unbeschwert sein.

Und die Zeit, die zwischen meinen Besuchen lag, gehörte mir. Seit Langem wieder.

Der letzte Riss

Eines Tages bekam Franz eine bakterielle Lungenentzündung, die er dank Antibiotikagaben relativ gut überwand. So schien es zumindest. Ein paar Tage später kam ein Rückfall. Ich glaube, das hatte damit zu tun, dass er mittlerweile vergessen hatte, wie man schluckt. Er kaute etwas ewig lang und schob es mit der Zunge herum. Manchmal schaute er mich dann an, und ich nahm ihm den Bissen aus dem Mund. Oder er schob es mit der Zunge ein Stück heraus und ich wischte es ab. Er wusste einfach nicht mehr, was er mit dem Essen im Mund tun sollte.

Die Vermutung liegt nahe, dass er das Gekaute und nicht Geschluckte irgendwann auch einatmete.

Ich liebe dich. Aber müde.

In der letzten Zeit schlief er sehr viel und wollte nicht mehr aufstehen. Manchmal zog er mich an sich oder nahm meine Hand und hielt sie fest.

Dann kam der Tag, an dem mein Mann seinen letzten ganzen Satz sagte: „Ich liebe dich. Aber müde." Ich strich über seine Hand und erwiderte: „Ich bin auch müde. Ich fahre jetzt nach Hause und ich komme morgen in der Früh wieder." Er gab mir keine Antwort mehr.

Als ich am nächsten Tag in der Früh zu ihm kam, war er gegangen. Er wollte in der Früh unbedingt aus dem Bett und bei der Körperpflege stehen. Das war schon seit Monaten nicht mehr der Fall gewesen. Als er dann stand, sackte er in sich zusammen.

Die Schwester, die bei ihm war, wusste, was zu tun war. Ich hatte untersagt, die Rettung zu verständigen und ihn künstlich am Leben zu halten. Also machte sie genau das, was ich immer gemacht hatte. Sie streichelte ihn und sagte, so wie sie es bei mir gesehen hatte: „Du hast alles erledigt, es ist alles gut. Du hast alles fertig gemacht." So wusste er: Wenn er sich dafür entscheiden sollte, konnte er gehen.

Sie erzählte mir nachher, dass er sie anschaute und einatmete. Als er ausatmete, ließ er los. Ich war da schon auf dem Weg zu ihm gewesen, doch als ich ankam, war er bereits in seinem Zimmer aufgebahrt. Er hatte sich dafür entschieden, allein zu gehen.

Teil zwei:

Achterbahn

Gebrauchsanweisung für den Alltag mit Demenzerkrankten

Wer sollte das lesen?

Dieses Kapitel ist für An- und Zugehörige gedacht, als Unterstützung für den Alltag. Vieles ist leichter – oder zumindest nicht ganz so schwer – zu ertragen, wenn man die Chance hat, es verstehen zu können.

Dieses Kapitel ist aber auch für die Verantwortlichen gedacht. Für jene, die etwas ändern können. Die mit einer scheinbaren Kleinigkeit das Leben der Betroffenen ein wenig oder sogar sehr viel erleichtern können. Und damit nicht nur etwas wirklich Gutes für die Allgemeinheit tun. Sie ermöglichen den Menschen, die sich um ihre erkrankten Angehörigen kümmern, ein Leben, das diesen Namen verdient. So könnten die pflegenden Angehörigen weiterhin ihrer beruflichen Tätigkeit nachgehen und ein Leben neben dem Pflegen führen, anstatt nach jahrelanger Pflege eines Demenzerkrankten oder anderweitig pflegebedürftigen Angehörigen in ein Burnout zu schlittern.

Sex, Drugs and Rock 'n' Roll

Na ja, eigentlich geht es hier nur um Sexualität.

Über den präfrontalen Kortex haben wir ja schon kurz gesprochen. Der ist unter anderem quasi so etwas wie unsere interne Anstandsdame. Wenn er beschädigt ist – egal, ob durch Unfall, Demenz oder Schlaganfall –, dann ist die Anstandsdame unaufmerksam. Und das kann wilde Blüten treiben.

Heute kann ich darüber schmunzeln, doch dass mir in der im Folgenden beschriebenen Situation nicht gerade zum Lachen zumute war, ist sicherlich nachvollziehbar.

Eines schönen Tages nämlich besuchte Franz einmal wieder meine Mutter, die bei uns in der Nähe wohnte und mit der er sich gut verstand. Und wie sie da so nebeneinandersaßen, hatte er die beste Idee ever: „Weißt du was?", sagte er zu ihr. „Zieh dich aus! Ich ziehe mich auch aus, und wir machen es uns lustig …"

Man kann sich vorstellen, was für ein Gesicht meine Mutter gemacht haben muss und wie es ihr dabei ergangen ist, als ihr ihr Schwiegersohn vorschlug, sie könnten miteinander lustige Nackerpatzl-Spiele machen. Das war halt auch so seine neue Art, mit dem Thema „Sexualität" umzugehen.

Bei einer anderen Gelegenheit lud er seine Freunde und Bekannten ein, bei uns zu Hause Pornos anzuschauen. Ein Problem, neben den offensichtlichen: Wir hatten damals eine Einzimmerwohnung. Er war nobel genug, mich wegzuschicken, damit mir keiner zu nahe treten konnte. Ritterlich – wenn man es aus seiner Sicht betrachtete.

Damals war ich zu sehr in die Situation involviert, um zu merken, was für eine Zumutung es war, dass er mich überhaupt in diese Lage brachte. Ich empfand es nur als Vorsicht seinerseits, mich wegzuschicken.

Zu diesem Zeitpunkt hatte ich noch keinen Tau davon, dass irgendetwas mit ihm nicht stimmen könnte. Auch wenn das im Nachhinein seltsam klingen mag. Mein Körper jedoch war mir bereits einen großen Schritt voraus. Schon Jahre bevor es wirklich seltsam wurde – lange bevor er eine Diagnose erhielt –, versteifte sich mein Körper, sobald er mich in die Arme nehmen wollte. Wenn ich mich freiwillig an ihn anlehnte, dann konnte ich das durchaus auch genießen. Sobald er aber, in welcher Form auch immer, selbst aktiv wurde, verkrampfte ich mich.

Doch das war ohnehin kein großes Thema mehr für uns, da er – schon lange bevor die Demenz einsetzte – impotent geworden war.

Auch in Sachen Impotenz hatte Franz es geschafft, sich seine eigene Geschichte dazu zurechtzuspinnen. Es ist faszinierend, wie viel Fantasie jemand haben kann! Er hatte eine Nebenhodenentzündung und ging – wie es eben bei uns üblich ist – so lange nicht zum Arzt, bis es nicht mehr anders ging. In dem Fall ging er erst, als sein ganzer Hoden faustgroß und dunkelblau war. Als er schließlich einen Arzt konsultierte, kam er um eine Operation nicht mehr herum, und der Hoden musste entfernt werden. Doch für ihn musste ein Schuldiger her – und zwar einer, der nicht er selbst war. In diesem Fall konstruierte er eine wilde Geschichte, dass seine Firma und der Arzt ein Komplott geschmiedet hätten. Die Firma habe ihn vergiftet, der Arzt dafür gesorgt, dass es keinen Nachweis dafür gäbe.

Von da an konnte er sexuell nicht mehr aktiv sein – nicht so, wie er es sich vorstellte und reagierte – wie auf alles, was nicht so klappte –, zornig und aggressiv.

Hätte ich damals eine Ahnung gehabt, dass mein Mann an Demenz erkrankt sein könnte, dann hätte ich die ersten Vorzeichen vielleicht schon sehen können. So jedoch schob ich seine Ausbrüche einfach auf sein Temperament.

Er war eben immer schon ein Eigenbrötler und immer schon ein wenig anders gewesen ... Es kam einfach zu seinem Krankheitsbild, zum Pathologischen, ganz viel dazu, was er immer schon gewesen war. Dadurch fiel es auch wesentlich länger nicht auf, dass etwas mit ihm nicht stimmte.

Das ist „nur unsere" Geschichte mit der Sexualität.

Von anderen Angehörigen habe ich jedoch ähnliche Geschichten gehört.

Menschen, die an Frontotemporaler Demenz erkranken, entwickeln häufig eine starke Promiskuität. Männer – speziell, wenn sie sich in einer Partnerschaft befinden – fallen oft in das alte, klassische Männerbild zurück, frei nach dem Motto: „Handtuch drüber und reinstecken, Hauptsache weich und warm." Das hat natürlich auch damit zu tun, dass die Krankheit vor allem ab einem gewissen Alter auftritt und diese Männer noch mit einem anderen Frauenbild aufgewachsen sind. Dieses tritt dann wieder ganz stark hervor.

Wenn eine Frau erkrankt, passiert es sehr oft, dass die männlichen Partner die Beziehung beenden, weil sie das Verhalten ihrer Partnerin nicht ertragen.

Es gibt hier zwei Extreme: Entweder die Frauen verlieren komplett ihr Interesse an der Sexualität, erdulden den Geschlechtsverkehr nur noch und sagen: „Irgendwann ist es auch vorbei", oder sie werden – milde ausgedrückt – sehr wenig wählerisch. Ab einem gewissen Grad der Erkrankung fällt es den Erkrankten schwer zu unterscheiden, was sein darf und was nicht. Gerade auf dem Land bekommt man es direkter mit – nicht nur das Tuscheln, sondern auch, weil man sieht, wie sie beim Feuerwehrfest alle paar Minuten mit einem anderen verschwindet. Und der Mann sitzt vorne und wartet. Es geht den Erkrankten dann nur noch um die eigenen Bedürfnisse und es ist ihnen vollkommen egal, was rundherum passiert.

Das ist, wie erwähnt, eine Eigenart der Frontotemporalen Demenz.

Wir werden nicht mit Hemmungen geboren, diese erwerben wir erst im Zuge unserer Sozialisierung. Das bedeutet, es ist erlerntes, erwünschtes Sozialverhalten.

In uns drinnen heißt es vermutlich eher: „Liebet und vermehret euch!"

Der Teil, in dem dieses erlernte Sozialverhalten verankert ist, wird bei dieser Demenzform zerstört.

Bei anderen Demenzformen wie zum Beispiel der vaskulären Demenz, wie sie durch einen Schlaganfall ausgelöst werden kann, ist eine sexuelle Enthemmung ebenfalls möglich. Nämlich dann, wenn die entsprechenden Gehirnareale zerstört werden. Bleibt der präfrontale Kortex wie zum Beispiel bei einer Alzheimer-Demenz intakt, dann hält sich diese Enthemmung oftmals in Grenzen.

Bei der Alzheimer-Demenz geht es eher ums Vergessen. Da werden sehr wohl auch Beziehungen außerhalb der Ehe oder Lebensgemeinschaft eingegangen, aber eher deswegen, weil die Patienten glauben, dass diese neue Person ihr Partner ist. Sie finden sich oft im Alter von neunzehn oder zwanzig Jahren wieder – zwei Menschen, die einander neu kennenlernen und gemeinsam ihr Leben entdecken. Und dann kommt irgendjemand daher, den man nicht kennt – weil man vergessen hat, dass es der eigene Partner ist –, und stört und will dauernd auf Besuch kommen.

Wenn ein Partner oder eine Partnerin darauf nicht vorbereitet ist, dann kann diese Situation schwer zu ertragen sein. Wenn man als Partner auf der anderen Seite jemanden hat, mit dem man sich darüber austauschen kann, der einem auch vermitteln kann, dass es sich dabei um einen normalen Prozess innerhalb des Krankheitsverlaufs handelt, dann kann das auch eine sehr schöne Zeit sein.

Es kann tatsächlich sehr beruhigend sein, den Partner noch einmal glücklich zu sehen.

Als ich so eine Szene im Film „An ihrer Seite" von Sarah Polley sah, hatte ich noch keine Ahnung, dass mir selbst Jahre später etwas Ähnliches passieren würde – und doch geschah es so. Eines Tages kam ich ins Heim – und fand meinen Mann Hand in Hand mit einer anderen Patientin vor, beide glücklich lächelnd und frisch verliebt. Ein Teil meines Herzens krampfte sich zusammen, während sich ein anderer Teil darüber freute, ihn endlich wieder einmal glücklich zu sehen.

Wir saßen danach des Öfteren zu dritt zusammen – die beiden Händchen haltend, ich daneben. Bald schon konnte ich mich uneingeschränkt über Franzens neues Glück freuen – zumal mir klar war, dass ich ihn in romantischer Hinsicht schon lange davor verloren hatte. Es nahm mir etwas von dem Druck von meiner Seele. Ich hatte allerdings auch den großen Vorteil, dass ich darauf vorbereitet war: Es ging jetzt um ihn, und ihm sollte es gut gehen. Mir selbst ging es ein bisschen besser, weil ich mich tatsächlich entlastet fühlte. Die „Verantwortung" für das seelische Wohlbefinden meines Mannes lag dadurch nicht mehr zur Gänze auf meinen Schultern.

Wenn es meinem Partner besser geht ...

Ich persönlich halte nichts von dem Ausspruch: „Wenn es ihm/ihr besser geht, dann geht es auch mir besser." Es stimmt so nicht, im Gegenteil. Ich finde, dass es eher umgekehrt ist.

Dennoch sind manche Situationen entlastend. Und dadurch geht es den Angehörigen natürlich besser.

Der Weg ins Heim

Ein Leitfaden für Angehörige

Gerade, wenn man einen an Demenz erkrankten Angehörigen ins Heim gebracht hat, kommen viele Punkte zusammen, die sich aufs Gemüt schlagen.

Einerseits die – ausgesprochenen oder unausgesprochenen – Vorwürfe der Umgebung, dass man ihn „abgeschoben" habe, und die Vorhaltungen, die man sich oft selbst deswegen macht. Viele Angehörige sind schon lange jenseits der Belastungsgrenze, bevor sie durch das Leben, den eigenen Körper oder andere Umstände zu dem Schritt „Heim" gezwungen werden. Dennoch prügeln sich viele innerlich deswegen selbst.

Zum anderen ist die gesetzliche Regelung in dieser Hinsicht aus psychosozialer Sicht ebenfalls mehr als bedenklich: Viele Paare, die von Demenz betroffen sind, sind bereits seit 40 oder 60 Jahren verheiratet. Dann kommt der Erkrankte in ein Heim, und man muss nach spätestens drei Monaten auf jedem Formular und auf jedem Antrag „getrennt lebend" ankreuzen. Nach dieser Zeit wird der Erkrankte nämlich automatisch umgemeldet.

Zusätzlich zu allen anderen Herausforderungen, die der zurückbleibende Partner durch die Erkrankung durchstehen muss, lebt der Erkrankte nun auch offiziell nicht mehr zu Hause. Das ist gerade für alte Paare ein schlimmer Schritt, nach den vielen gemeinsamen Jahren nun plötzlich „getrennt lebend" zu sein. Das macht mit den Angehörigen etwas, mit deren Seele und auch mit deren Gesundheit, ob man möchte oder nicht.

Das offizielle Argument lautet, man brauche diese Ummeldung für Berechnungen und Sonstiges. Ja, das mag sein – aber bitte, liebe Regierung, dann überlegt euch hier etwas anderes! Es MUSS eine andere Lösung geben! Denn dieses Vorgehen schafft viel Leid bei den Angehörigen, den Partnern, weil dieses offiziell „getrennt lebend" Sein oftmals eine zusätzliche psychische Belastung ist. Und wenn es blöd hergeht, werden nun die Partner durch diese Kränkung krank, fallen in eine Depression und werden so zu neuen Kranken, die zu erhalten sind. Vom menschlichen Leiden ganz zu schweigen.

Aggression in der Sexualität

Aggression macht sich oft in der Sexualität bemerkbar. Es geht hier nicht nur darum, dass man vergessen hat, ob man rechts oder links abbiegen soll, oder ob man vergessen hat, warum man in der Küche ist und was man da wollte, sondern es geht – gerade bei Männern – auch um die Aggression, weil es in sexueller Hinsicht nicht mehr so geht, wie er will. Männer haben da wesentlich mehr das Gefühl, dass sie zu funktionieren haben. Sexuell aktiv sein zu können, ist ein Teil ihrer Männlichkeit.

Die Krankheit Demenz selbst beeinträchtigt normalerweise die Potenz nicht; die Männer haben eher das Problem, dass sie nicht mehr wissen, was sie mit ihrer Sexualität tun sollen, frei nach dem Motto: „Stell dir vor, du kannst dauernd – und weißt nicht, was ..."

Frauen haben derzeit noch meist einen anderen Zugang dazu – selbst in der Demenz ist das eher eine „Ich lasse es über mich ergehen"-Geschichte, weil sie großteils einer Altersgruppe angehören, für die ein „Hinnehmen" normal ist. Dieses Phänomen wird sich sicherlich im Laufe der Jahre ändern.

Nur für „Fortgeschrittene", die es lesen wollen

Ein Abriss zum Thema Sexualität

Eine Beziehung ist an sich schon nicht einfach. Eine Beziehung zwischen einem Demenzerkrankten und seinem Partner ist noch um ein großes Stück komplizierter.

Gerade, wenn einer der beiden krank ist und dadurch sein Verhalten ändert, kann die Dynamik einer Beziehung schnell ins Wanken geraten. Kann, wohlgemerkt. Nicht muss.

Wenn der Mann demenzerkrankt ist, dann steht er vor der Situation, dass er eine Aufgabe hat, der er immer gerne nachgekommen ist, der er aber nun nicht (mehr) gerecht wird. Daraus entsteht Aggression.

Dazu kommt, dass der Partner aus vielen Verletzungen der Vorzeit zu sticheln und zu provozieren beginnt.

Diese Verletzungen, die zum Teil ganz zart und klein waren und die man möglicherweise in einer Therapie schon lange aufgearbeitet zu haben glaubte, kommen nun noch einmal hoch und tun unendlich weh.

Wobei es in diesem Fall sowohl der demente als auch der gesunde Partner sein kann, der sich in dieser Rolle wiederfindet. Es geht hier also in keiner Weise um Schuldzuweisungen, keinem gegenüber. Es ist nur wichtig zu verstehen, dass es passieren kann.

Wenn eine Frau jahrelang, in welcher Form auch immer, zum Sex genötigt wurde – auch wenn diese vermeintliche oder reale Nötigung sehr subtil oder auch nur in ihrer eigenen Vorstellung von „ehelichen Rechten und Pflichten" stattgefunden hat –, und dann plötzlich „kann" der Mann nicht, dann kann es wirklich böse werden.

Auch umgekehrt kann es natürlich dazu kommen, dass eine Frau, die sich jahrzehntelang verweigert hat und jetzt nichts oder wenig mitbekommt, nun von ihrem Mann genommen wird, wenn er es will.

Beides sind natürlich Extremfälle, jedoch besteht aus meiner Sicht dennoch die Notwendigkeit, sie hier anzusprechen.

Aggressionen – Mensch, ärgere dich (nicht)

Das große Problem in der Beziehung mit einem Demenzerkrankten liegt darin, dass Verletzungen, die unter gesunden Menschen heilen können, offen bleiben. Gesunde Partner können über Verletzungen reden, das kann heilen. Einschmieren, ein Pflaster darüber, Bussi draufgeben – und es kann abheilen.

Demenzerkrankte erkennen weder das Pflaster noch dass sie ein Bussi draufbekommen. Es kann also nicht mehr heilen, es bleibt eine offene, schmerzende Wunde zurück. Und zwar unabhängig davon, ob eine Kränkung real oder eingebildet ist.

Ich wurde gefragt, wie sich diese Menschen die Verletzungen merken, obwohl sie sich ja sonst an nichts mehr erinnern. Doch ganz so ist es nicht: Sie merken sich zwar nicht gar nichts mehr, aber mehr, als sie denken, spüren sie. Extrem viel mehr als zuvor. Sie denken viel mehr mit dem Bauch, könnte man sagen. Auch wenn sie vor der Erkrankung nicht die großen Gefühlsmenschen waren, denken sie ab einem gewissen Stadium der Erkrankung nur noch über ihr Gefühl. Oder um es wirklich auf den Punkt zu bringen: Das Gefühl denkt mit ihnen. Denn der Kopf tut es nicht mehr.

Die Aggressionen der Begleitenden kommen häufig auch daher, dass man sich über sich selbst ärgert. Man beginnt aus einer Überforderung heraus zu schreien oder zu streiten, weil man sich über sich und die eigene Reaktion ärgert. Man ist in einer gewissen Weise eingesperrt, man kann nicht aus. Buchstäblich. In einer normalen Beziehung ist es möglich, sich umzudrehen und zu gehen – eine Stunde ins Kaffeehaus, spazieren, irgendetwas, um wieder runterzukommen. In der Beziehung mit Demenzerkrankten geht das aus naheliegenden Gründen nicht.

In Situationen, in denen der Erkrankte einfach nicht zuhört, einfach nicht „folgt", kommt oft auch der Eindruck auf, man werde geprüft, Grenzen würden ausgelotet.

Ich selbst hatte bis zwei Jahre vor dem Tod meines Mannes immer wieder den Gedanken: Vielleicht testet er mich nur. Vielleicht will er nur wissen, wie lange ich zu ihm halte. Natürlich wusste mein Kopf ganz genau, was für ein Unsinn das war – wer würde schließlich fünf Jahre lang jemanden „prüfen"? Damit hätte Franz einen Oscar verdient! Dennoch schlich sich dieses Gefühl der Unwirklichkeit der ganzen Situation immer wieder ein.

Oft kamen bei mir auch Aggressionen auf, wenn ich als Begleitende nicht gehört wurde. „Ich sage dir jetzt zum dritten Mal: Bitte bleib sitzen, damit ich dir die Schuhe ausziehen kann – du hast noch die Schuhbänder offen! Du kannst hinfallen!" – „Ja, okay!"

Ich drehte mich um, weil ich noch etwas holen wollte, und er stand wieder hinter mir. Mit offenen Schuhbändern.

Generell habe ich die Erfahrung gemacht, dass Angehörige oft in sich Aggressionen kultivieren. Absichtlich macht das natürlich niemand. Aber wir sind einerseits eingezwängt in Verhaltensmuster, die da heißen „Was man machen muss", andererseits sagt ein anderer Teil der eigenen Seele und des eigenen Kopfes: „Ich will nicht, ich kann nicht mehr, lass mich einfach in Ruhe!" Die Überforderung ist massiv, weil man als Angehöriger und Begleitender quasi zwei Leben lebt: das eigene und das des 24/7-Begleiters des Erkrankten. Diese Überforderung ist auch die Vorstufe zu einem Burnout. Das zu umgehen ist so gut wie unmöglich, wenn man sich nicht rechtzeitig Hilfe sucht.

Liebe Politiker!

Auch hier ist aus meiner Sicht der Staat gefragt und gefordert.

Diese Überforderung und das daraus entstehende Burnout sind ein enormer Kostenfaktor in einem sozialen Staat! Man könnte sehr wohl rechtzeitig etwas dagegen tun. Es wäre dann für alle Beteiligten angenehmer und unter dem Strich um vieles kostengünstiger als das stillschweigende Aussitzen der Situation und die spätere Betreuung der langfristig arbeitsunfähigen Betreuer, auch weit über den Tod der erkrankten Personen hinaus.

Und ja, auch hier will ich nicht hören, wie viele Milliarden für was weiß ich ausgegeben werden. Ich weiß, dass ihr super seid, liebe Politiker, aber eure Milliarden kommen bei mir und anderen meiner Zunft nur selten an!

Überforderung

Während man sich inmitten dieser Pflegesituation befindet, nimmt man die eigene Überforderung aus vielerlei Gründen nicht bewusst wahr:

- Man will sich selbst nicht eingestehen, dass man „versagt" oder den eigenen Ansprüchen nicht gerecht werden kann. Und zwar ohne sich bewusst zu machen, dass es gar nicht möglich ist, das zu leisten, was man sich vornimmt. Wir sprechen hier nicht von „100 % sind genug", sondern von „180 % sind immer noch zu wenig".
- Auf der anderen Seite ist die Demenz eine Krankheit, die gerne „unter dem Deckel bleibt". In dem Sinne, dass das Sagen, dass es diese Krankheit gibt, einem Ver-Sagen gleichkommt. Und zwar einem Versagen des kompletten familiären Systems. „Ich funktioniere nicht" kann man ja eventuell noch nach außen tragen.Aber „Die ganze Gruppe, die ganze Familie funktioniert nicht", das zuzugeben ist sehr schwer. Nicht die Demenz des Einzelnen ist das Versagen, sondern dass man auch gemeinsam nicht so damit umgehen kann, dass die Demenz keine Rolle spielt. Demenz ist ein Riesenbrocken, den man schlichtweg nicht unter den Teppich kehren kann, ohne dass er einen hässlichen Buckel hinterlässt.

Ähnliches gilt übrigens auch nach wie vor – wenn auch schon in einem etwas geringeren Ausmaß – für das daraus resultierende Burnout. Damit versagt die ganze Gruppe. Wenn nun einer der Gruppe sagt, er kann nicht mehr, er bekommt es nicht hin, dann zieht er aus gruppendynamischer Sicht alle anderen der Gruppe mit hinein.

- Die Erwartungshaltung der Umgebung spielt aus meiner Sicht ebenfalls eine große Rolle bei der Überforderung. Wieso sollte es schließlich, nachdem ehrenamtliche Helfer „alles" können, ein Angehöriger nicht können? *„Der soll sich nicht so anstellen! Das ist schließlich die Pflicht von Kindern oder Partnern – oder?"* Nein, ist es nicht!

Der wunderbare Ausspruch *„Meine Eltern haben sich immer um mich gekümmert, daher muss ich mich jetzt um sie kümmern"* ist meines Erachtens Blödsinn. Man müsste das mit sofortiger Wirkung aus allen Gehirnen streichen. Die Natur sieht das anders vor. Und eine Mutter – solange sie noch geistig gesund ist – wird niemals wollen, dass ihr Kind sein Leben für sie aufgibt. Das lässt sie nur zu, wenn sie krank ist oder eine Störung psychischer oder sozialer Natur hat.

Eine einfache Lösung für dieses Dilemma gibt es nicht. Es wäre jedoch, global gesehen, sehr wichtig, endlich einzusehen, dass auch die Seele – etwas flapsig gesagt – so etwas wie ein Körperteil ist, der erkranken kann. Dass es keine „Schande" ist, genauso wenig wie ein gebrochenes Bein oder ein Magengeschwür.

Wenn sich jemand ein Bein bricht, wird keiner sagen: *„Komm, stell dich nicht so an, wir gehen laufen!"*

Im seelischen Bereich heißt es jedoch immer wieder: *„Reiß dich zusammen! Das gibt es doch nicht, wir helfen dir doch eh alle!"*

Aggressionen kommen natürlich auch vonseiten des Erkrankten. Ein Vorfall ist mir besonders im Kopf geblieben. Wir waren wieder einmal in einem Krankenhaus. Mein Mann setzte sich in Bewegung, der Arzt schob ihn in eine andere Richtung. Das ging ein paarmal so, bis Franz dem Doktor eine verpasste. Damals habe ich es nicht verstanden, doch eigentlich war es ganz klar: Franz wollte zum Klo, konnte sich aber nicht artikulieren. Jedes Mal, wenn er sich in die Richtung aufmachte, in der er die Toiletten vermutete, wurde er vom Arzt wieder woandershin geschoben. Er konnte zu diesem Zeitpunkt weder die Richtung noch seine eigene Stärke mehr einschätzen. Daher wurde er aggressiv.

Aus dieser Situation im Krankenhaus ist übrigens eine der beeindruckendsten und dennoch einfachsten Übungen entstanden, die ich immer in meinen Workshops für Angehörige einfließen lasse.

Zwei Teilnehmer gehen paarweise zusammen. Einer versucht, den anderen dazu zu bewegen, dass er so schnell wie möglich mit ihm irgendwo hingeht. Der andere redet nicht, hat aber den Auftrag: „Du musst aufs Klo. Such dir eins, so schnell wie möglich!"

Sehr schnell sind die Frustrationen und Aggressionen zu spüren, die sich in einer solchen Situation aufbauen, in der jeder der Beteiligten seine eigene Agenda durchziehen möchte.

Seine Liebe zeigte mir Franz manchmal ebenfalls auf aggressive Art – er biss mich, wo und wann auch immer er mich erwischte: am Kopf, im Gesicht, am Arm, in den Schenkel ...

Eine andere Situation war zum Beispiel jene an einem Zebrastreifen, als ein Autofahrer für Franzens Empfinden zu nahe vor ihm stehen blieb. Das musste nicht zwangsläufig bedeuten, dass dieses Auto auch nur in der Nähe eines Zebrastreifens war – mein Mann war nur der Meinung, dass sich überall dort, wo er ging, ein Zebrastreifen befand. Wenn also nun das Auto zu nahe an den lediglich im Kopf meines Mannes vorhandenen Zebrastreifen kam, dann wurde er aggressiv und schlug mit der Faust auf die Motorhaube. Wie sich das auf das Temperament so manches Autofahrers auswirkte, kann man sich bestimmt ausmalen.

Auch bei anderen Gelegenheiten reagierte Franz aggressiv, weil er nicht verstanden wurde. Er schubste auch mich weg oder hielt mich zu fest, weil er es einfach nicht mehr abschätzen konnte. Es war niemals in böser Absicht – im Nachhinein war es für mich stets nachvollziehbar, worum es gegangen war. Es war, als hätte ich mich vor einen Zug gestellt, der in voller Fahrt auf mich zu donnerte – er konnte nicht bremsen. Es ging nicht.

Und manchmal treffen dann eben zwei Züge in voller Fahrt aufeinander: Der Angehörige weiß, dass es nötig ist, in zehn Minuten das Haus zu verlassen, um den Arzttermin pünktlich einhalten zu können, weil sie sonst wieder monatelang auf den nächsten warten müssen. Dazu kommt, dass es immer ungewiss ist, wie das Straßenbahnfahren funktioniert (dazu kommen wir noch). Der Demenzerkrankte auf der anderen Seite muss zur Toilette. Oder er hat Durst. Er kommuniziert es aber nicht, weil er nicht kann. Jeder der beiden folgt der eigenen Agenda, die der des anderen widerspricht. Und dann kracht es. So richtig.

Auch die folgende Geschichte habe ich – genau so, wie sie hier steht – mit meinem Franz erlebt. Ich habe sie vor Längerem als Blogbeitrag veröffentlicht und ich finde, dass sie sehr deutlich zeigt, wie das Gehirn eines Demenzkranken in einem gewissen Stadium funktioniert.

„Demenz lernen" – eine weitere Lektion für mich

Heute spielen wir einmal „Mensch, ärgere dich nicht".

Noch nie war dieses Spiel ein Problem für mich. Ich habe mich auch noch nie geärgert!

Irgendwie gehöre ich wohl der Kategorie Mensch an, denen das Spiel an sich wichtig ist.

Die Menschen, mit denen man zusammensitzen und sich eine gemeinsame Auszeit gönnen kann, die sind für mich wichtig. Gewinnen ist egal. Darum geht „ärgern" dabei einfach nicht.

Beim Spielen mit Franz ist mir erst aufgefallen, aus wie vielen einzelnen Teilen dieses Spiel besteht. Einzelne Schritte, die erst durch die richtige Reihenfolge eine sinnvolle Aktion ergeben.

- Man muss sich merken, welche Farbe die Mäxchen haben, die man gewählt hat, und wo die eigenen Figuren stehen.
- Man muss würfeln und die Augenzahl erkennen oder zählen können.

- Man muss so lange würfeln, bis eine
  Sechs gewürfelt wurde, ABER:
- Wenn man beim dritten Mal noch immer keinen
  Sechser hat, muss man den Würfel abgeben.
- Man muss sich merken, was man mit der Zahl,
  die man gewürfelt hat, überhaupt tun soll.
- Wenn man eine Sechs gewürfelt hat, muss man erst eines
  der eigenen Mäxchen auf ein bestimmtes Feld stellen.
- Dann muss man noch einmal würfeln.
- Man muss noch immer wissen, dass ab jetzt die Anzahl
  der gewürfelten Felder gefahren werden soll.
- Wenn auf dem Feld eine andere Figur steht, kann oder muss
  diese „hinausgeworfen", also zurück zum Start gestellt werden.

Die Liste ist unendlich – und das sind nur die groben Schritte dieses Spieles.

Bei dieser Auflistung habe ich ja schon angenommen, dass jeder weiß, was „Felder gehen/ziehen" bedeutet. Ich habe vorausgesetzt, dass die Richtung des Fahrens/Ziehens (noch) bekannt ist.

Und ich gehe davon aus, dass von meinem Mitspieler noch erkannt wird, dass man nach einer bestimmten Person, aber vor einer bestimmten anderen Person drankommt, wobei auch die Reihenfolge der Spieler feststehen sollte.

So viel dazu. Jetzt wieder zu „Demenz lernen":

Noch konnte sich Franz vom Würfeln bis zum Ziehen merken, dass diese Aktionen zusammengehören. Er konnte sich „eigentlich" merken, welche Augenzahl er gewürfelt hatte und wie viele Schritte er daher machen sollte.

Aus diesem Grund kam ich überhaupt erst auf die Idee, mit ihm dieses Spiel zu spielen.

Was ich nicht bedacht hatte, war die Menge an Schritten, die pro Aktion gemacht werden musste.

- Er hatte sich alle gemerkt und auch alle durchgeführt:
- Er würfelte und nannte laut jede Augenzahl.
- Dann nahm er sein Mäxchen und stellte es auf irgendein Feld. Dazu sagte er laut: „SECHS!"
- Dann würfelte er ein weiteres Mal und warf irgendein Mäxchen hinaus. Und wie das Wort schon sagt, warf er es im wortwörtlichen Sinne – das Mäxchen flog in hohem Bogen ans andere Ende des Zimmers.

„STOPP!! So geht das nicht!", erklärte ich ihm. „Du kannst nicht einfach machen, was du willst. Und schon gar nicht mit den Spielfiguren herumschmeißen!"

„Aber das sind doch die Regeln!", sagte er sehr trotzig. „Wenn wer am Feld steht, muss man ihn rausschmeißen." Und wieder streckte er seine Hand in Richtung eines meiner Mäxchen aus.

Bevor er es jedoch ergreifen konnte, hatte ich es schon weggenommen und erklärte ihm, dass es „so" nicht ging.

Plötzlich schrie er mich an: „Das sind die Regeln – und wenn du das nicht verstehst, dann spielen wir eben gar nicht mehr!" Mit einer schnellen, gezielten Armbewegung wischte er das ganze Spiel vom Tisch und stapfte wutentbrannt aus dem Zimmer.

Ich stand wieder einmal da und versuchte zu begreifen, was da soeben geschehen war.

Und dann fiel mir auf: Irgendwie hatte er recht …

Er hatte alle Schritte gemacht, wie sie auch in den Spielregeln genannt werden, jedoch völlig aus dem Zusammenhang gerissen und ohne irgendeine Reihenfolge. Er musste sich jeden einzelnen Schritt merken und diese Schritte auch noch in merkbare Einheiten zerlegen.

Das Problem dabei war, dass immer nur EINE dieser kleinen, merkbaren Einheiten in seinem Gedächtnis war. Nicht EINE NACH DER ANDEREN. Einfach nur EINE. Das Gehirn wusste nicht, dass es noch eine geben würde. Manchmal kam dann in seinem Kopf die nächste Einheit. Manchmal aber auch nicht.

Die Älteren unter uns kennen noch Diavorträge in der Schule. Immer war ein Bild auf der Leinwand, und im Dunkeln konnten wir nicht sehen, ob es noch weitere gab oder ob das letzte schon erreicht war.

Wer Diavorträge nicht mehr kennt, stellt sich eine PowerPoint-Präsentation vor, bei der man nicht weiß, ob der Vortragende noch eine Folie vorbereitet hat. So funktionierte bei Franz das Gehirn beim „Mensch, ärgere dich nicht"-Spielen. Er wusste nicht, ob noch etwas kam – und wenn ja, was.

Er brachte alle Schritte zusammen – toll gemacht!

Dass er sie nicht mehr zusammensetzen konnte, hatte ich offensichtlich völlig übersehen.

Vielleicht wäre ein Spiel, bei dem es nur zwei oder drei Anweisungen gibt oder das daraus besteht, Anweisungen zu geben und zu beachten, das richtige. Sofern es nicht zu lang ist.

Ganz wichtig ist es zu erkennen, dass Aggressionen nicht aus Bösartigkeit entstehen. Sie fallen auch nicht vom Himmel. Sie entstehen aus Hilflosigkeit, aus den Reaktionen von anderen – sei es Interesselosigkeit oder auch zu viel Interesse – und aus vielem anderen.

Ich habe in der Arbeit mit Angehörigen sehr oft erlebt, dass in dem Augenblick, in dem Verständnis für die Situation da ist, die Situation den Begleitenden auch nicht mehr ganz so weh tut. Da geht es nicht um das Wissen, dass der Erkrankte nicht anders kann – das hilft meist nicht viel. Es geht vielmehr darum, dass ich selbst, wenn ich weiß, wie es entsteht, die Situation nicht mehr so ernst nehme und auch vieles nicht mehr so schwer nehme.

Vor allem reduziert sich der Ärger über sich selbst – einfach, weil es unnötig ist, sich über etwas zu ärgern, das man in keiner Weise beeinflussen kann.

Wenn man diese Mechanismen nicht kennt, dann überlegt man automatisch, was man selbst hätte anders machen können. Was hätte ich tun/lassen/ anders machen sollen, damit das nicht passiert?

In dem Moment, in dem klar ist, dass es nicht beeinflussbar ist, dass vieles nicht vorhersehbar ist, fällt dieser Zorn weg und kann einer relativen Gelassenheit weichen – wenn man es zulässt.

Daher finde ich diese Informationen für die Angehörigen sehr wichtig – zumal, wenn sie von relativ neutraler Stelle kommen. Also nicht aus einem wissenschaftlichen Blickwinkel, sondern aus der Sicht einer erfahrenen und gelernten Fachkraft. Wissenschaft ist gerade in Bezug auf Demenzerkrankungen sehr wichtig – aber oft ist es viel wichtiger, ganz einfache, überblickbare und nachvollziehbare Möglichkeiten aufzuzeigen.

ADE beim Einkaufen

Eines Tages kam mein Mann empört nach Hause – er hatte gerade beim Hofer Hausverbot bekommen. Nun wunderte mich ja nicht mehr viel – aber wie er das geschafft hatte, interessierte mich nun doch. Langer Rede kurzer Sinn: Er kaufte eine Tafel Schokolade, die sehr günstig und immer im Angebot war. Bei der Kasse wollte er – in seiner Welt – blödeln und sagte, diese sei eh immer noch teuer genug. Die Kassiererin – in ihrer Welt – blödelte zurück und erwiderte, die Schoki sei eh urbillig und eigentlich müsste man die teurer machen. Worauf mein Mann – ebenfalls im Scherz, aber leider ziemlich daneben – meinte, wenn die Kassiererin mehr verdienen wolle, müsse sie eben an der Stange tanzen gehen.

Ich nehme an, dass es nicht seine erste derartige Entgleisung gewesen war. Aber wie auch immer: Diese war ausschlaggebend für ein Hausverbot in seinem Lieblingssupermarkt.

Wie lange das aufrecht gewesen wäre, kann ich nicht sagen – soweit ich weiß, hat er es danach nicht mehr probiert. Oder zumindest weiß ich nichts davon.

In jedem Kaffeehaus, in jedem Gasthaus hatte Franz bald Probleme, weil er jede Serviererin anfangs noch zweideutig, bald jedoch eindeutig zweideutig anquatschte.

Die Angebote waren – wen wundert's? – nicht willkommen und er flog bald raus.

Bei einer anderen Gelegenheit ließ er mitten in einem Speiselokal im Gehen seinen Blähungen freien Lauf. Es war für den anderen Gast, der seinen Kopf genau in der Höhe des sich entlüftenden Hinterns hatte, nicht möglich, sein Essen wirklich zu genießen. Natürlich – und für mich absolut nachvollziehbar – flog er auch dort raus.

Im Nachhinein kann ich über vieles lachen oder zumindest schmunzeln – und auch mitten in mancher schrägen Situation rettete mich mein Humor. Wenn man die Erkrankung und alles, was damit einhergeht, nur bierernst nimmt, dann lässt die totale Verzweiflung meist nicht lange auf sich warten.

Von außen gesehen hat in einer solchen Situation jede Seite ihre Berechtigung – es funktioniert halt einfach nicht zusammen. Die Welt der Erkrankten und die der Gesunden wird gerade in Bezug auf Demenzerkrankungen von einer dicken, fetten Linie getrennt. Der Linie dessen, „was man tut" oder „was man nicht tut".

Um diese Diskrepanz irgendwie in den Griff zu bekommen, ist es wichtig, sämtliche Informationen zu haben. Diese Informationen kann aber – wenn sie nicht nur theoretisch sein sollen – nur jemand geben, der in irgendeiner Form schon direkt mit dem Thema zu tun hatte. Ein Außenstehender, und sei er noch so gut ausgebildet, ist hier nicht die richtige Wahl.

Die Sache mit der Medaille

Man sagt immer, jede Medaille habe zwei Seiten. Das stimmt nicht wirklich. Eine Medaille hat, wie jedes dreidimensionale Ding, mehr – in diesem Falle drei – Seiten. Und eigentlich reden wir hier nicht von einer Medaille, sondern von einem Schokotaler.

Auf einer Seite ist eine Demenzerkrankung immer etwas Grausliches und Hässliches. Das ist die zerknitterte Rückseite des Schokotalers, auf dem das Papier zerknüllt ist. Hier sind die Ecken und Kanten. Man weiß, es geht schlimm aus. Man verliert jemanden. Es passieren Dinge, mit denen man schlecht umgehen kann. Traurigkeit und Verzweiflung kommen auf.

Die andere Seite des Talers ist mit einer netten Botschaft oder einem kleinen Bild bedruckt. Hier ist alles glatt und schön, man kann darüber lachen, es geht die Sonne auf, wenn man sie sieht.

Damit diese beiden Seiten zusammenhalten, gibt es die dritte Seite: den Rand. In unserem Fall sind das die Angehörigen, helfende und pflegende Berufe, Unterstützungen von Amts wegen, vom Gesetz bis zum tatsächlichen Umsetzen. Ebenso sind das verschiedene Stellen, die helfen. Diese alle sind es, die die beiden Seiten verbinden. Und wenn es die nicht gibt, dann fällt der Taler auseinander.

die dritte Seite

Zum Herrn Doktor – Fahren mit den Öffis und andere Herausforderungen

Mit den Öffis zu fahren – wo kann da das Problem sein, überhaupt in einer tollen Stadt wie Wien? Es gibt doch überall barrierefreie Straßenbahnen, wir sind doch wunderbar behindertengerecht, oder? Jaaaa, eh. Solange man mit Menschen unterwegs ist, die nicht dement sind.

Es kostete eine unglaubliche Kraft, Franz dazu zu bringen, länger als eine Minute irgendwo zu warten. Nun wohnten wir in einer Ecke Wiens, an der es Unmengen von unterschiedlichen Straßenbahnen gibt. Allein bei „unserer" Station blieben drei verschiedene Verkehrsmittel stehen. Unsere Straßenbahn, also diejenige, die wir meistens brauchten, hat die längsten Intervalle.

Das bedeutete, meinen Mann davon abzuhalten, in irgendeine Straßenbahn einzusteigen, anstatt auf die richtige zu warten. Und wenn dann endlich „unsere" Straßenbahn kam, war die Erleichterung entsprechend groß.

Wenn wir unterwegs waren, zum Beispiel zu einem Arzt, dann war das meistens – immer – zu einer Zeit, zu der andere Leute ebenfalls unterwegs waren. Und zwar nicht wenige davon.

Nun hatte Franz zwar einen Behindertenpass, der ihn dazu berechtigte, mich kostenfrei mitzunehmen, da ich aber öfter Wege auch ohne ihn zu erledigen hatte, besaß ich eine Jahreskarte. Nachdem ich jedoch nicht berechtigt war, meinen Mann kostenfrei mitzunehmen, bedeutete das, ich musste für die zwei

Mal im Monat, wenn ich mit ihm zu einem Arzt oder anderswohin wollte, für ihn einen Fahrschein zwicken oder gar kaufen. Zuvor musste ich aber einen Platz finden, der gewisse Kriterien erfüllte:

Der Platz durfte sich nicht in der Nähe einer Tür befinden, damit Franz nicht ausstieg, während ich mich umdrehte, um seinen Fahrschein zu entwerten; er wusste ja nicht, ob ich schon ausgestiegen war oder nicht, wenn er mich nicht sah.

- Ideal war ein Doppelsitz, sodass ich mich eventuell noch neben ihn auf den Gangplatz setzen konnte, damit er nicht abhaute.

- Vor ihm sollte – aus den hinlänglich bekannten Gründen – idealerweise keine junge Frau sitzen. Besonders schlimm war es, wenn eine ein größeres Dekolleté hatte – da wäre er auf jeden Fall zumindest mit der Hand drinnen gesteckt. Das war auch zum Miterleben nicht angenehm.

- Außerdem war es wichtig, darauf zu achten, dass niemand mit einem kleinen weißen Hund einstieg. Als dies doch einmal der Fall war und sich der Hund sehr brav unter den Sitz verzog, war es Franz ein Anliegen herauszufinden, ob der kleine Vierbeiner eine ähnliche Tonlage hatte wie der kleine braune Hund, den er ein paar Tage davor versehentlich mit dem Schuh erwischt hatte.

Kleine Hunde

Später erläuterte er mir übrigens seinen Gedankengang: Bei einem Klavier unterscheiden sich ja die weißen und die schwarzen Tasten im Ton. Es hätte also sein können, so meinte Franz, dass man, wenn man mehrere kleine Hunde nebeneinanderlegt, dann ein Musikstück ... Weiter kam er nicht, weil ich ihn unterbrach: „Hör auf!" Es war für mich damals nicht einmal zum Hören lustig. Aber man sieht, dass Demenzerkrankte durchaus kreativ sein können.

Im Nachhinein muss ich trotz allem drüber lachen. In der Situation selbst war es natürlich alles andere als lustig – vor allem für den kleinen weißen Hund, der gottlob glimpflich davonkam.

• Last, but not least musste ich natürlich seinen Fahrschein zwicken, also durch den halben Waggon gehen, um zum Entwerter oder zum Fahrkartenautomaten zu kommen, und gleichzeitig aufpassen, dass niemand anderer versuchte, sich neben ihn auf den Doppelsitz zu setzen. Denn dieser Sitz gehörte seiner lieben Frau. Und wenn da jemand versuchte, sich hinzusetzen oder sich dem freien Platz auch nur zu nähern, konnte Franz richtig ungut werden. Das konnte aber jemanden, der müde war und sich hinsetzen wollte, nicht abhalten. Eine explosive Mischung, aus der mehr als einmal fast eine Rauferei entstanden wäre. Wortgefechte gab es viele.

Wie auch immer, unsere Reise brachte uns meistens zum Schwedenplatz. Dort in der Nähe war sein Arzt, ungefähr fünf bis sieben Gehminuten von der Straßenbahnstation entfernt. Er selbst wusste zu diesem Zeitpunkt schon überhaupt nicht mehr, wo er sich aufhielt. Das einzig Wichtige war, dass ich in seiner Nähe war. Ich war sein einziger Anhaltspunkt. Solange ich da war, war alles in Ordnung.

Was ihm natürlich nicht auffiel – mir schon! –, war der Umstand, dass er jedes Mal, und zwar wirklich jedes einzelne Mal, wenn wir auf dem Schwedenplatz aus der Straßenbahn ausstiegen, aufs Klo musste. Und zwar dringend. Es war gar nicht so einfach, auf dem Schwedenplatz ganz schnell eine Toilette zu finden. Vor allem eine, die er ebenfalls fand. Denn mitgehen konnte ich ja schlecht.

Funktioniert hat es schließlich bei einer Filiale einer großen Fast-Food-Kette, wo er seinen Weg fand. Die ca. fünf Gehminuten bis zum Arzt meinte er nicht zu schaffen. Er musste unbedingt vorher und tat dies kund. Weder leise noch mit gepflegten Worten. Sehr zum Gaudium einiger Jugendlicher, die dort immer herumhingen, tönte er lautstark: „Aber ich muss jetzt sch...!" Ich fand es weniger amüsant.

„Sag du!"

Dann gingen wir zum Arzt, dem er jedes Mal sagte, dass eh alles in Ordnung sei und dass ich seine liebe Frau sei und alles für ihn tue. Immer. Und ganz lieb sei. Das war meist alles. Aber es war auch gut so, denn dadurch war er regelmäßig in Beobachtung. Und wäre etwas gewesen, hätten wir mit diesem

Arzt eine gute Ansprechperson gehabt.

Wenn noch Fragen offen waren, dann hatten wir bald schon die Situation, dass Franz meinte: „Sag du!"

Eine typische Konversation mit dem Doktor schaute so aus:

Doktor: „Wie geht es Ihnen?"

Franz: „..." (schaut mich an)

Wenn der Arzt nachfragte und meinte, dass er mich dann ohnehin noch separat fragen würde, schaute Franz mich wieder an und meinte: „Eh gut!" Ob das nun „Ich weiß es nicht" oder „Lass mich in Ruhe!" hieß, war mir nie ganz klar. Wollte er nicht reden und nutzte seine Erkrankung, um mich „seine Arbeit" machen zu lassen? Oder wusste er wirklich nicht, was er dem Arzt sagen sollte? Ich hatte keine Ahnung. Ich glaube, dass er es zu diesem Zeitpunkt auch nicht benennen wollte; er wollte nicht wahrhaben, dass mit ihm etwas nicht in Ordnung war.

Franz war oft mit sich unzufrieden und sagte Dinge wie: „Ich hab so einen blöden Schädel. Hau mir eine drauf!" Bis zu dem Punkt, als es ihm egal war.

Ansonsten verliefen die Arztbesuche eher friedlich, bis auf die paar Male, als er – warum genau, das blieb im Dunkeln – den Arzt in den Bauch boxte oder aber dessen Hand so fest drückte, dass es diesem wirklich wehtat.

Ob das Spaß sein sollte oder ob es sich um einen Machtkampf handelte, den mein Mann da mit dem unschuldigen Doktor auszutragen versuchte, kann ich bis heute nicht sagen. Und auch er selbst hätte es wahrscheinlich kaum benennen können, was für ein Teufelchen ihn da manchmal ritt. Hatte der Arzt einen oder zwei Sätze zu viel gesprochen, dann war auf jeden Fall Feuer auf dem Dach, da musste er „Seines" beschützen. Er machte es allerdings immer auf eine so liebenswerte Art, dass ich ihm nicht böse sein konnte bzw. es damals gar nicht als Übergriff oder als „Abgrenzen von Eigentum" wahrnahm. Es dauerte noch lange, bis sich dies als solches zeigte. Zumal ich meinerseits ohnehin reden „durfte", wann und mit wem immer ich wollte, ohne dass er damit Probleme hatte.

Nach der Konsultation zahlten wir und gingen nach Hause bzw. hatten wir das gleiche Procedere wie beim Hinfahren noch einmal.

Wir mussten zahlen, denn Franz war bei diesem Arzt als Privatpatient. Andernfalls hätten wir – von unserem Zuhause aus gesehen – ans andere Ende der Stadt fahren müssen. Was nicht nur Umsteigen und U-Bahn-Fahren bedeutet hätte, sondern auch ein Herumirren. Diese Gegend, und speziell die Bauten dort, sind schon für Gesunde eine Herausforderung, und es ist extrem schwierig, sich dort zurechtzufinden. Mit einem demenzerkrankten Mann wollte ich mir das definitiv nicht antun – da war mir die bequeme Alternative durchaus Geld wert.

Und nachdem mein Mann immer viel gearbeitet hatte, 60 bis 70 Stunden in der Woche, und auch ich immer gut verdient hatte, war Geld zu diesem Zeitpunkt unser kleinstes Problem.

Naschen und Essen

Irgendwann begann Franz damit, sich vollzustopfen und dauernd nach Essen zu suchen. Warum, das war mir nicht ganz klar. Eventuell, weil ihm langweilig war oder weil er keine Alternative dazu wusste. Möglicherweise hatte es aber auch damit zu tun, dass er in der Wohnung nicht mehr rauchen durfte – er musste runtergehen. Nicht, weil es mich gestört hätte, dass er zu Hause raucht, sondern weil es irgendwann die einzige Möglichkeit war, ihn vor die Tür zu bringen. Zu diesem Zeitpunkt wusste ich noch, dass er zurückkommen und nicht verloren gehen würde. Als Folge rauchte er natürlich weniger und brauchte offenbar etwas anders, mit dem er sich beschäftigen konnte.

Ab einem gewissen Zeitpunkt kaufte und naschte er allerdings nicht mehr irgendwas – es musste immer süßer werden. Das wiederum trug dazu bei, dass er einiges an Gewicht zunahm.

Früher – vor seiner Erkrankung – war Franz kein „Süßer" gewesen, ganz im Gegenteil. Er hätte sich im Zweifelsfall immer eher ein Stück Schweinsbraten genommen, keinen Kuchen. Nun aber wurde es zunehmend schlimmer: Kuchen, Bonbons, Schokolade … Und ab einem gewissen Stadium wurde er sogar aggressiv, wenn ich versuchte, ihn davon fernzuhalten. So stark war der Drang nach Süßem, dass er über alles drüberbretterte, was sich ihm in den Weg stellte.

Nicht nur einmal wurde ich mitten in der Nacht wach, weil er neben mir im Bett saß und vor sich hin krachte: Er zerbiss mit Hingabe die harten Karamellbonbons – und zwar nicht einzeln, sondern er stopfte sich gleich mehrere auf einmal in den Mund.

Ja, an alles gewöhnt man sich, und die Liebe wie auch meine Resilienz waren stark genug, um das genauso auszusitzen wie seine Schnarchattacken, die mich in regelmäßigen Abständen aus dem Tiefschlaf rissen.

Was dann wirklich weniger lustig war, waren drei Zahnarzttermine in knapper Folge, weil Franz jedes Mal seine neuen dritten Zähne mit seinem Gemampfe ruiniert hatte. Das waren dann wirklich teure Späße, bei denen mir das Lachen verging. Denn dass die Versicherung das nicht bezahlte, war klar.

Beim ersten Einsetzen der dritten Dritten, die letztlich ein Implantat brauchten, um fixiert werden zu können, war es noch nicht so schlimm mit seiner Demenzerkrankung.

Doch bei den folgenden Check-ups hatte ich immer nur tiefstes Mitgefühl mit den jungen Assistentinnen des Zahnarztes. Es war wirklich kein schönes Spektakel, das mein Mann darbot!

Was die Bonbons betraf, so stiegen wir auf die weichen Karamellen um, die seine Zähne etwas weniger schnell ruinierten. Diese stopfte er ebenfalls kiloweise in sich hinein – dass seine Bauchspeicheldrüse irgendwann streikte, war somit unvermeidlich. Die Zuckerwerte stiegen, doch glücklicherweise nicht so arg, dass wir auch hier noch etwas hätten unternehmen müssen. Ihm war ja, wie wir damals schon wussten, nicht mehr unendlich viel Zeit auf dieser Welt vergönnt. Aber wenigstens blieben ihm die Insulinspritzen und das tägliche Messen der Blutzuckerwerte erspart.

Als Franz später im Tagesheim war und noch später im Heim, schauten die Pflegerinnen und ich immer darauf, dass er tendenziell eher das Süßere bekam. Er selbst konnte es ja nicht mehr aussuchen. Das Auswählen aus mehr als zwei Sachen war für ihn extrem schwierig geworden. Das wollte er vorher schon nicht, als er noch gesund war – später konnte er es vermutlich gar nicht mehr.

Warum Zucker?

Es gibt hundert Erklärungsversuche, warum manche Demenzerkrankte so auf Süßes abfahren. Für mich am wahrscheinlichsten ist die Erklärung, dass Süße bei allen Menschen das ist, was sie am längsten schmecken können.

Bei Demenzerkrankten kommt diese Phase früher, aber sie kommt bei jedem Menschen – so er alt genug wird.

Der Geschmackssinn für Süßes ist der erste, der kommt, und der letzte, der geht.

Süße ist also das, was man noch am ehesten als Geschmack wahrnehmen kann – im Unterschied zu „Substanz", wenn eben keine Geschmackswahrnehmung mehr da ist.

Anziehen und Kleidung

Was mich gleich direkt zum nächsten Thema bringt: das Anziehen und Auswählen der Kleidung.

Franz war, wie gesagt, keiner, der gerne Entscheidungen traf. Nach dem Ausbruch seiner Demenzerkrankung schon gar nicht mehr.

Es gab gewisse Kriterien, die seine Kleidung erfüllen musste: Die Hosen sollten viele Taschen haben, damit er viel einstecken konnte. Und die Oberteile sollten immer gleich aussehen.

Am liebsten hätte er sich einfach überhaupt nicht umgezogen. Wenn ich nicht dahinter gewesen wäre, hätte er im gleichen Gewand geschlafen, in dem er untertags draußen war – wenigstens für die nächsten drei Monate. Nun hatten wir eine Vereinbarung, die da lautete: Zweimal in der Woche wird geduscht. Ich achtete darauf, dass er wenigstens das tat. Er erklärte sich widerwillig damit einverstanden, und bei dieser Gelegenheit war es für mich einfacher, seine Kleidung auszutauschen. Auf die gleiche Kleidung, nur eben frisch gewaschen. Denn Franz wollte auch nach dem Duschen kein anderes Gewand anziehen.

Am Anfang war es tatsächlich noch wichtig, dass die ausgetauschten Hosen und Oberteile exakt gleich aussahen wie diejenigen, die in die Wäsche kamen – und natürlich musste ich alle Sachen aus seinen Taschen in die frische Hose übersiedeln.

Später durfte ich dann auch mal ein gleiches Shirt in einer anderen Farbe hinlegen, ohne dass er sich darüber aufregte. Oder es durfte auch mal dünneres oder dickeres Material sein.

Er hatte fast Panik, sich andere Sachen anziehen zu müssen. Als hätte er Angst, dass die vorherigen weg wären. Woher das kam? Keine Ahnung.

Er probierte übrigens tatsächlich, seine Kleidung auch über Nacht anzubehalten, und erklärte mir regelmäßig, er sei so müde, dass er sich nicht mehr ausziehen könne. Erfolg hatte er damit bei mir allerdings nicht.

In späterer Zeit stand er dann nur noch da und sagte: „Anziehen!" Wenn ich ihn fragte, was er denn anziehen wolle, meinte er: „Sag du!" Bald konnte er auch seine Socken nicht mehr selbst anziehen, weil er dabei das Gleichgewicht verlor und von der Bettkante fiel. Ich zog ihm also auch die Socken an, stieß dabei allerdings bald an meine Grenzen: Einem erwachsenen Mann mit großen Füßen, die er nicht steifhalten kann, Socken anzuziehen, ist schwieriger, als man denkt. Ich wollte ihm ja nicht wehtun. Schließlich fand ich Frotteesocken, die sehr locker saßen und die ich ihm relativ unkompliziert über die Füße stülpen konnte.

Wertigkeiten und Wichtigkeiten

Die Wertigkeiten im Leben meines Mannes änderten sich natürlich auch. Sein Job war immer an erster Stelle gestanden, danach kam der Blick von außen. Also: Was sagen andere? Wie sehen mich andere? Und wie komme ich bei ihnen an? Es ging sogar so weit, dass er sich – meiner Meinung nach – seine Freunde kaufte. Mit Abendessen, mit Gefälligkeiten und anderem. Ich stand in der zweiten Reihe. Dann kam lange nichts. Oh, und nicht zu vergessen: Vor allem anderen und an allererster Stelle stand er selbst. Das war der alte Franz.

Später, also im Laufe seiner Erkrankung, änderten sich die Prioritäten. Da stand ich – gemeinsam mit ihm – an erster Stelle. Es gab kein „du und ich" mehr, sondern ein gemeinsames „ich und meine Hilfe/Frau/Gefährtin". Es gab ihn und es gab mich als Teil von ihm. Als den Teil, der entschied und übernahm. Und ich legte Wert darauf, dass ich trotzdem der Teil blieb, den er nutzte. Also nicht der Teil, der die Entscheidungen traf, sondern der Teil, der ihn bei seinen Entscheidungen unterstützte. Anders wollte ich es nicht, und es wäre auch nicht gut gewesen.

Wenn er sich nicht entscheiden konnte oder wollte, dann entschied ich nicht automatisch für ihn, so wie man es sehr häufig erlebt. Ich sagte: „Du machst es selbst – außer du sagst: ‚Mach's du!' Denn dann hast du entschieden, dass du es abgeben möchtest."

Die Vorsorgevollmacht trat bei uns sehr spät in Kraft, nämlich als es wirklich nicht mehr anders ging, als er immer nur mehr sagte: „Ich weiß es nicht!" Als er nur noch auf alles, was ich entscheiden sollte, sagte: „Lass mich – mach du das!" Geschrieben hatte er sie ja schon lange, und er hatte die Zeugen auch noch selbst gesucht. Er musste sich darum selbst kümmern. Bei ihm war ich dann nur noch „meine liebe Frau". Ich glaube, manche dachten schon, das sei mein Name. Er wusste nicht mehr genau, wie ich heiße, aber ich war immer noch „meine liebe Frau". Das „mein" musste immer dabei sein, diese Klarstellung, ich gehöre ihm.

Eine andere Priorität, die sich änderte, hatte mit meiner eigenen Einstellung zu tun. Vieles, das im Zusammenleben vorher wichtig war, verlor an Relevanz. Einerseits wurde es nicht mehr so wichtig, was „man" tut, andererseits veränderten sich aber auch Werte wie das Achten auf seine Gesundheit und Sauberkeit. Wenn man darauf achtet, was der andere möchte oder braucht, ist es nicht mehr wichtig, ob er gesund gegessen hat – Franz hatte eine

Erkrankung, die zwischen Qualität und Quantität unterscheiden ließ.

Es war sehr, sehr schwer, doch ich war bereit, ihm die (Lebens-)Qualität zu bieten, die möglichweise zulasten der gemeinsamen Zeit ging.

Denn ein Leben, das nur noch fremdbestimmt – und schon aus diesem Gesichtspunkt qualitativ eingeschränkt – ist, kommt einem Erkrankten schon nach vierzehn Tagen vor wie eine Ewigkeit.

Also ging er fort, wann immer er Lust dazu hatte – auch wenn ich nicht wusste, ob und wie ich ihn wiedersehen würde. Ich konnte nicht voraussagen, ob ich einen Anruf von der Polizei erhalten würde, weil man ihn aufgegriffen hatte, weil er von jemandem, der seine Späße nicht vertrug, verprügelt worden war, oder weil man ihn tot aus der Donau gefischt hatte.

Gottlob passierte nichts von alledem – aber wissen konnte ich es nicht.

Er aß auch, wonach ihm gerade der Sinn stand, denn wie gesagt: Die Bonbons und die Süßigkeiten würden ihn nicht umbringen – das machte ohnehin die Demenzerkrankung.

Dennoch hatte er eine Chance, sein Leben noch weitestgehend selbstbestimmt zu leben.

Immer wieder fragte mich jemand – empört, überrascht oder entsetzt –: „Du lässt ihn noch fortgehen?" Ja, das tat ich allerdings. Abgesehen davon, dass ich ihn schon aus rechtlichen Gründen nicht zu Hause hätte einsperren dürfen – dies tun zu können bedeutete für ihn Lebensqualität! Genauso, wie es für ihn später eine Verbesserung seiner Lebensqualität war, dass er im Heim leben konnte. Er hatte dort Kontakte, ein soziales Umfeld und Aufmerksamkeit, die ich ihm in diesem Ausmaß nicht hätte bieten können.

Viele dieser Entscheidungen waren damals bittere Pillen – im Nachhinein aber war ich froh, dass ich mich dazu hatte überwinden können. Auch wenn manches aus der Sicht mancher Menschen kein gutes Licht auf mich warf.

Es gilt, die Bedürfnisse der Erkrankten neu abzuschätzen, immer und immer wieder. So lange und so viel wie möglich gemeinsam mit den Erkrankten zu entscheiden, nicht über ihre Köpfe hinweg. So gut es geht. Nicht aus falsch verstandener Loyalität Wege zu verbauen, die für beide Seiten von Vorteil wären.

Das ist möglicherweise der schwierigere Weg – für die Angehörigen und für die Erkrankten. Klar. Aber es ist dennoch der richtige.

Auch das ist ein Blogartikel von mir, den ich damals geschrieben habe. Ich habe ihn fast unverändert übernommen.

Erschrecken, Überraschung und Freude liegen oft ganz nah beisammen!

Heute hat mir Franz all das geboten.

Aber von Anfang an: Jetzt ist es das dritte Mal, dass er beim gerontopsychiatrischen Zentrum zur Feststellung von Schwere und Verlauf der Krankheit eingeladen war.

Diesmal sollte er von einer jungen Psychologin getestet werden, und ich wollte mich aus der ganzen Szene komplett heraushalten – schließlich sollte ja gecheckt werden, wie sich die Demenz (und welcher Anteil in welcher Stärke) auf meinen Mann auswirkt, und nicht auf mich.

Als die Psychologin – ein richtig hübsches junges Mädchen – kam und ihn abholen wollte, meinte er mit ganz fester Stimme: „Aber meine liebe Frau kommt mit, die brauch ich."

Wow, war ich überrascht! Nämlich nicht, dass er mich brauchte, auch nicht wirklich, dass er es wusste, sondern eher, dass er das einer jungen, hübschen „Konkurrentin" so klar und fest einfach ins Gesicht sagte. Die muss ihm wirklich um vieles zu jung gewesen sein! ;-)

Während der Testung – ich kenne den Test mittlerweile sehr gut – war ich ziemlich erschrocken, weil so klar erkennbar war, wie sehr sich sein Zustand verschlechtert hatte.

Und dann kam plötzlich eine ganz neue Seite an meinem Mann heraus. Eine der Fragen in dem Test lautete: „Nennen Sie Tiere – irgendwelche Tiere –, die Sie kennen!"

Sofort wusste ich, welche Antwort ich gegeben hätte. Nämlich: „Emma und Hugo (unsere Schildkröten), Binki (die Katze), Mucki (das Meerschweinchen) …" Mehr wäre mir nicht eingefallen. Ich glaube, mehr Tiere habe ich in meinem ganzen Leben nicht gekannt.

Und einen kurzen Moment lang glaubte ich, dass auch er an unsere Tiere denken könnte, und lächelte vor mich hin.

Sehr lange dachte er nach, dann half ihm die Psychologin mit dem Hinweis: „Na, vielleicht kennen Sie Tiere, die zum Beispiel im Wald wohnen oder am Bauernhof oder…"

Da unterbrach er sie schnell und meinte stolz: „Fuchs!" – „Ja", sagte die junge Frau und wartete geduldig darauf, ob ihm noch ein weiteres Tier einfallen würde. Und auch ich war neugierig drauf.

Nach einer Weile des scheinbaren Nachdenkens begann er plötzlich zu singen, was er in den 32 Jahren, in denen wir zusammen waren, noch nie – NIE – getan hatte! Ja, plötzlich sang er: „Fuchs, du hast die Gans gestohlen, gib sie wieder her, sonst wird dich der Jäger holen, mit dem Schießgewehr." Und dann lachte er aus vollem Herzen über unsere verblüfften Gesichter.

Zum Abschluss bat ihn die Psychologin dann noch, einen Satz auf ein Blatt Papier zu schreiben. Irgendeinen Satz, der ihm gerade einfallen würde. Irgendeinen, der für ihn gerade wichtig wäre.

Gespannt wartete ich ab, ob er diesmal wissen würde, was sie von ihm wollte. Er nahm bedächtig und vorsichtig den Stift in die Hand und schrieb „HANNA".

Auf ihre Nachfrage, ob er fertig sei oder ob er noch etwas schreiben wolle, meinte er: „Nein, das ist alles … alles, was wichtig ist."

Danach wollte er nicht mehr. Er meinte, er sei müde und wolle eine rauchen.

Mit Tränen in den Augen begleitete ich ihn noch zu einem kurzen Nachgespräch beim zuständigen Arzt, der meine Befürchtung, dass die Zeit der mittelgradigen Demenz vorbei war, bestätigte und „Demenz Typus Alzheimer, gemischte Art, schwere Form" in seinen Bericht schreiben musste.

Mitmenschen – wenn Dummheit wehtut

Eines möchte ich mir noch von der Seele schreiben. Eine Geschichte, die in ihrer Einfalt fast schon wieder poetisch ist. Weil sie zeigt, dass auch angeblich geistig gesunde Menschen ganz schön dämlich sein können.

Franz war zu dieser Zeit bereits im Tageszentrum. Immer Montag, Dienstag, Donnerstag und Freitag. Das war schon Tradition bei ihm, aus der Firma. Dort hieß es immer, der Mittwoch sei Wochenteilung und damit der Tag, an dem etwas anders war. Daher war er am Mittwoch zu Hause. Und wenn er zu Hause war, dann musste er seine ganze Gegend, sein „Revier", wieder erkunden. Die Leute kannten ihn und wussten das, es gab daher keine Probleme. Alle Leute? Nein! Die Besitzerin eines kleinen Optikergeschäfts gegenüber unserer Wohnung hörte nicht auf, sich über ihn aufzuregen. Eines Tages ging ich zu meiner Mutter, die in der Nähe wohnte, da schoss die Optikerin auf mich zu. Sie meinte, ich solle gefälligst darauf achten, dass Franz nicht ständig ihr Lehrmädchen anredete. Sie wolle das nicht. Auf meinen fragenden Blick hin klärte sie mich auf. Mittwochs um zehn Uhr, immer bevor sie in die Berufsschule fuhr, trug das Lehrmädchen noch den Mist raus. Und jedes Mal, wenn Franz sie da erwischte, redete er sie sehr eindeutig zweideutig an. Ich sagte: „Ja, das tut er. Das ist ein Symptom seiner Krankheit. Was soll ich jetzt machen?" Sie meinte, ich solle dafür sorgen, dass er das nicht tut, oder ihn wegsperren. Und wie man „solche Leute" überhaupt frei auf der Straße herumrennen lassen könne.

Dass das meinen Widerspruchsgeist wachrief, verwundert jetzt niemanden, der mich kennt. So kann man über Menschen nicht reden, über kranke Menschen noch weniger – und über meinen Franz, welche Fehler er auch immer haben mochte, schon gar nicht!

Sie meinte noch, ich solle wenigstens dafür sorgen, dass er zu der Zeit, in der das Mädchen mit dem Müll rausgeht, nicht in der Gegend ist. Ich sagte: „Das werde ich nicht können. Aber es gäbe die Alternative, dass Sie das Mädchen an irgendeinem anderen der insgesamt sechs Arbeitstage in der Woche den Müll hinausbringen lassen anstatt genau am Mittwoch um zehn." Das lehnte sie rundweg ab, meinte aber, sie werde einmal mit hinausgehen und dann werde sie meinem Mann schon klarmachen, was er zu tun habe und was nicht. Das überzeugte mich nicht restlos. Daraufhin baute sie sich vor mir auf und erklärte: „Und wenn er so überhaupt nicht funkt, dann muss ich eben mit ihm raufen!"

Was soll man da noch sagen?

Ich weiß natürlich, dass eine solche Situation unangenehm ist. Aber gerade als gesunder Mensch wäre es doch angebracht, sich Alternativen zu überlegen, einen diagnostizierten kranken Menschen nicht missionieren zu wollen. Franz hätte sich an ihre Bitten, Drohungen oder Kommandos nicht halten können, selbst wenn er gewollt hätte! Darüber war er zu diesem Zeitpunkt schon weit hinaus. Ich wünsche der Dame, dass sie selbst niemals einen Angehörigen in einer ähnlichen Situation hat. Und ganz ehrlich – ihren Angehörigen wünsche ich es noch mehr, dass sie niemals auf die Unterstützung dieser Frau angewiesen sein werden.

Das nur so als Geschichte am Rande.

Teil drei:

Demenz in allen ihren Formen

Demenz – was ist das?

Demenz – was ist das?

Demenz zu kategorisieren ist zwar medizinisch möglich, ich persönlich bin aber nicht sehr glücklich damit, die Demenz in Stadien einzuteilen. Stadien sind wie Longitudinalwellen. Sie kommen und gehen. Und manchmal bleiben sie.

Es ist keine starre, lineare Entwicklung.

Für mein Empfinden tut man sich selbst und dem MmD mehr weh, als man irgendjemandem nützt. Wenn man als Angehöriger ein Zeichen wahrnimmt, das in ein früheres Stadium passt, dann keimt Hoffnung: Vielleicht ist alles nur ein Irrtum. Vielleicht bildet sich die Demenz wieder zurück. Vielleicht wird er wieder gesund.

Dem ist leider nicht so. Dennoch entsteht durch diese oben angesprochenen Wellen manchmal das Gefühl, als ob sich die Krankheit bessern würde. Bis der nächste Schub kommt ...

Mehr sagen lässt sich über die verschiedenen Formen der Demenzerkrankungen, wobei es auch hier sehr stark individuelle Verläufe gibt. So viele wie erkrankte Menschen.

Primäre und sekundäre Demenzformen

Man unterscheidet grob zwischen **primären** und **sekundären** Demenzformen.

Zu den primären Formen zählen jene, die ohne „Zutun" einer anderen Erkrankung entstanden sind, zu den sekundären Formen diejenigen, die durch eine andere Erkrankung begünstigt wurden.

Zuerst zu den sekundären Demenzformen

Zu diesen gehört zum Beispiel die **vaskuläre Demenz**, zu deren Ursachen unter anderem ein Schlaganfall und die dadurch eventuell entstandenen Schäden der Durchblutung im Gehirn zählen. Aber auch viele massive Schläge auf den Kopf können diese Demenzform begünstigen. Das kann bei Sportlern wie z. B. Fußball- und Kopfballspezialisten oder Boxern vorkommen.

Ich frage mich oft, ob Schläge auf den Kopf bei Kindern eventuell nicht ganz so folgenlos bleiben, wie wir meinen. Diese Praxis wird leider auch heute noch von manchen Eltern angewandt, die meinen, ihnen hätte es „auch nicht geschadet". Daran zweifle ich, bei allem Respekt.

Bei der **vaskulären Demenz** sind Areale des Gehirns kaputtgegangen. Wie sie sich auswirkt, hängt von den betroffenen Arealen ab. Je nachdem, welche Teile in einem Gehirn zerstört werden oder verkleben, haben diese Beschädigungen und Beeinträchtigungen gewisse Auswirkungen. Und zwar ganz gleich, welche Form von Demenzerkrankung vorliegt und welche Ursache diese hat. Bei der Frontotemporalen Demenz ist beispielsweise, wie Sie schon gelesen haben, das Werte-Zentrum beeinträchtigt – unabhängig davon, ob der Frontotemporallappen durch einen Unfall, eine Verkalkung oder einen Schlaganfall beschädigt wurde.

Die **Parkinson -Demenz** ist ebenfalls eine sekundäre Demenzform.

Nicht zu vergessen ist die Demenz mit **Wernicke-Korsakow-Syndrom**. Sie ist eine in ihrer Auswirkung sehr markante Demenzform, wenngleich meist wenig bekannt. Sie kann durch Alkoholabhängigkeit entstehen, und ihre Erscheinungsform ist der einer Frontotemporalen Demenz ähnlich.

Krankheiten wie Schilddrüsenprobleme, Depression, Herz-Kreislauf-Probleme usw. können eine sekundäre Demenzform auslösen, die sich – durch medizinische Betreuung und den daraus erfolgten Wegfall der Erkrankung – auch zurückbilden kann.

Dies gilt gleichfalls für Demenzformen, die durch die Einwirkung von Giften entstanden sind – manchmal sogar die alkoholinduzierte Demenz. Voraussetzung ist natürlich die Beseitigung der jeweiligen Auslöser.

Die **primären** Demenzformen kommen, ohne dass eine andere Erkrankung im Hintergrund steht. Zu diesen zählen zum Beispiel die bekannteste und am häufigsten vorkommende **Alzheimer-Demenz** (70–80 % der Demenzen zählen zu diesem Typus), die **Frontotemporale Demenz** (auch als Morbus Pick bekannt) oder die **Lewy-Body-Demenz**.

Besonders belastend und tragisch ist die juvenile NCL (Neuronale Ceroid-Lipofuszinose), auch unter dem Begriff **Kinderdemenz** bekannt.

Die Parkinson-Krankheit oder der Morbus Parkinson, auch Schüttellähmung genannt, ist ein langsam fortschreitender Verlust von Nervenzellen. (Quelle: Wikipedia)

Anzeichen und Auswirkungen der primären Demenzformen

Alzheimer

- Störung des Gedächtnisses
- Beeinträchtigung des Erkennens und Nutzens von Gegenständen
- Desorientierung (örtlich, zeitlich und meist auch persönlich)
- Veränderung der Persönlichkeit und des Verhaltens
- verminderte Leistungsfähigkeit

Die Krankheit schreitet in der Regel sehr langsam voran. Eine Ausnahme ist die früh einsetzende Alzheimererkrankung – oft schon Mitte 40 bis Mitte 60 –, die meist viel schneller voranschreitet.

Frontotemporale Demenz

Wenn ich in diesem Buch von „Demenzerkrankung" spreche, beziehe ich mich hauptsächlich auf die **Frontotemporale Demenz** – einfach, weil ich ihre Auswirkungen aus nächster Nähe beobachten und erfühlen konnte.

Hierbei sterben die Nervenzellen des Stirn- und Schläfenlappens ab. An diesen Stellen im Gehirn befinden sich die Leistungen, die das Gehirn durch unser soziales Zusammenleben und durch unsere Sozialisation im Laufe unseres Lebens erlernt. Wenn diese Nervenzellen also absterben, sind die logischen Folgen eine Persönlichkeitsveränderung sowie die Schwierigkeit, Handlungsabläufe zu planen und umzusetzen.

Das Erkennen und das Gedächtnis sind lange Zeit noch nicht beeinträchtigt. Die Krankheit macht sich aber – oft fast unbemerkt – schon sehr früh bemerkbar (häufig bereits im Alter zwischen 50 und 65 Jahren). Distanzlosigkeit und emotionale Erkaltung fallen Angehörigen oft schon bald auf. Selten jedoch wird eine solche Veränderung einer Demenzerkrankung zugesprochen. Auf eine Diagnose muss oftmals viele Jahre gewartet werden.

Lewy-Body-Demenz

Bei dieser Demenzform werden kleine Eiweißkörperchen abgelagert und schädigen so Teile des Gehirns. Bei Menschen mit dieser Demenzform schwanken die Leistungen sehr stark, und optische Halluzinationen sind ebenso ein Kennzeichen wie auch Symptome ähnlich jener bei Parkinson (unwillkürliche Störungen der Motorik).

Juvenile NCL

Nach einer normalen Entwicklung eines Babys und Kleinkindes beginnt bei Kindern mit NCL oft im Alter von 6 Jahren eine schnell einsetzende Sehschwäche und ab dem Alter von etwa 8 Jahren der geistige Abbau. Die Fähigkeiten entwickeln sich meist in ähnlicher Form zurück, wie sie sich aufgebaut haben.

- Persönlichkeitsveränderung,

- eine auffällige Veränderung der Aussprache,

- Beweglichkeitsbeeinträchtigung bis -verlust,

- Epilepsie, weil die Nerven nicht mehr ordnungsgemäß funktionieren, und

- Herzprobleme

sind oft die Folgen, die noch vor dem 20. Lebensjahr eintreten.

Grenzen verschwimmen

Die Grenzen zwischen den Demenzformen verschwimmen ab einem gewissen Punkt. Auch bei einer Frontotemporalen Demenz kommt die Zeit, in der Symptome einer Alzheimer-Demenz einsetzen können. Das Gehirn altert meist schneller als bei Gesunden. Aus diesem Grund kommen auch Zeichen einer Altersdemenz früher.

Bei meinem Mann kam es zum Beispiel vor, dass er mich oder andere nicht gleich erkannte. Und später, als er schon im Heim war, war er überzeugt davon, dass seine Nichten in Wirklichkeit seine Töchter wären. Seine eigenen Kinder aus erster Ehe hingegen hatte er komplett vergessen oder verdrängt. Ich kann mir vorstellen, dass auch das mit dem „Denken mit dem Bauch" zu tun hatte. Die Liebe, die er für seine Nichten empfand, entsprach der, die man den eigenen Kindern entgegenbringt, und auch das Verhältnis zu den Mädchen war einer Vater-Töchter-Beziehung ähnlich.

Vorbeugung und Verzögerung

Oft hört man, man kann eine Demenzerkrankung verhindern oder verzögern. Ich bin hier sehr vorsichtig, dies so weiterzugeben, denn als Angehöriger ist man ganz schnell mit Selbstvorwürfen. *Hätte man sie, wenn man dieses oder jenes gemacht hätte, verhindern können? Müssen? Sollen?* ... Man empfindet solche Ideen – die nicht einmal wirklich erwiesen sind – als Schuldzuweisung. Denn, wenn ...

Nur so viel: Es gibt viele Menschen, die ihren Denkapparat stark beanspruchen, die Vorlesungen halten, in leitenden Positionen arbeiten – und die dennoch irgendwann an Demenz erkranken.

Und noch etwas, das mir wichtig ist: **Demenz ist nicht zwingend vererbbar!**

Sollte in der Familie eine Alzheimererkrankung vor dem 45. Lebensjahr auftreten, dann könnte man eventuell von einer genetischen Disposition ausgehen.

Nur – und das ist der Knackpunkt: **Wenn in jemandem die genetische Disposition vorhanden ist, dann ist die Wahrscheinlichkeit, dass es zu einer Erkrankung kommt, genau gleich hoch wie bei Menschen, die keine genetische Disposition haben!**

Das bedeutet nicht, dass jemand, der die Disposition hat, auch tatsächlich krank wird. Es bedeutet auf der anderen Seite aber auch nicht, dass jemand, der die Disposition nicht hat, auf gar keinen Fall erkranken kann. Es gibt, kurz und einfach gesagt, keinen Zusammenhang zwischen Erkrankung und Disposition. Das ist nachgewiesen.

Die Gefahr, wenn man die Disposition hat und die Angst vor der Demenzerkrankung einen tagtäglich begleitet, besteht eher darin, dass es zu einer selbsterfüllenden Prophezeiung kommt.

Das ist wesentlich gefährlicher als das Gen an sich!

Das Gleiche gilt für alle anderen Glaubenssätze und Ängste.

Stell dir vor, es wäre eine gängige Annahme, dass man alle sieben Monate einmal auf die Schnauze fällt. Oder dass nach jedem Erfolg ein Misserfolg kommt.

Wenn man mit dieser Überzeugung leben müsste, dann würde es auch passieren!

Teil vier:

Schluss

Die Reise geht weiter

Die Reise geht weiter

Am 11. Juni 2018 bekam meine Welt einen Riss. Einen endgültigen. Und dennoch geht es weiter. Ich habe es mir zur Aufgabe gemacht, mich weiterhin in meiner Position als diplomierte Lebensberaterin, aber auch in meiner Eigenschaft als (ehemalige) pflegende Angehörige und als Mensch zu engagieren.

Für eine bessere Kommunikation mit den Betroffenen.

Für eine Unterstützung anderer, die heute dort sind, wo ich vor gar nicht allzu langer Zeit war.

Und für ein Miteinander von An- und Zugehörigen, MmD, Politikern, Vertretern der Pflegeberufe und all jenen, die eine Stimme, eine Meinung und ein Anliegen bezüglich des Themas haben.

„Miteinander reden, nicht übereinander" – das ist mein Motto.

Ich bin nicht an den Ereignissen der letzten Jahre zerbrochen. Warum nicht, das ist mir ein Rätsel. Denn sehr oft fühlte ich etwas in mir brechen, zerspringen, kaputt werden. Durch Überlastung, Kränkung, Hilflosigkeit, Mangel an wirklicher Unterstützung.

Mein Herz, das ist zerbrochen und wurde wieder geflickt. Körperlich.

Mein Herz, das ist gebrochen, als mir mein Mann langsam – aber nicht immer leise und angenehm – entglitt. Bis er schließlich ganz weg war.

Missen möchte ich das alles dennoch nicht. „Was einen nicht umbringt", so sagt man, „das macht einen stärker."

Und daher bin ich heute stärker als je zuvor. Dank der Erfahrungen der letzten Jahre, dank der Hölle und des Himmels zwischendurch, dank Tränen und Lachen, Fluchen und Beten. Dank der Liebe und der Schmerzen, die ich durch meinen und mit meinem Mann erlebt habe.

Was bleibt, ist der Wunsch, es für andere weniger schwierig zu machen.

Weniger schwierig. Denn einfach wird es sowieso nicht. Niemals.

Was ebenfalls bleibt, ist der Wunsch, andere pflegende Angehörige vor dem Burnout, dem gesundheitlichen, gesellschaftlichen und finanziellen Untergang bewahren zu helfen.

Gemeinsam können wir es schaffen!

Hoffnungsvoll, Ihre Hanna Fiedler

Epilog

Wer aufgrund dieses Buches (noch immer, trotzdem oder gerade deswegen) mit mir schreiben, arbeiten oder kommunizieren möchte, den lade ich herzlich ein, sich bei mir zu melden.

Meine Webadresse lautet: www.und-wer-hilft-uns.at

Dort finden Sie auch meine E-Mail-Adresse und Telefonnummer sowie Links zu den Veranstaltungen, an denen ich als Gast oder Initiatorin teilnehme.

Teil fünf:
Quellen, Tipps und Kontakte

Literatur und Filme zum Thema Demenz

Literatur

„Still Alice" – Lisa Genova

„Elisabeth wird vermisst" – Emma Healey

„Gute Nacht, Liebster" – Katrin Hummel

„Ja zum Leben trotz Demenz!" – Helga Rohra

„Aus dem Schatten treten" – Helga Rohra

„Auf dem Weg mit Alzheimer" – Christian Zimmermann, Peter Wißmann

„Unter Tränen gelacht" – Bettina Tietjen

„Der Himmelsstürmer" – Helga Engin-Deniz

„Der alte König in seinem Exil" – Arno Geiger

„Unter uns nur Wolken" – Anna Pfeffer

Für Kinder:

„Oma isst Zement!" – Daniel Kratzke

„Opa Rainer weiß nicht mehr" – Kirsten John

„Als Opapi das Denken vergaß" – Uticha Marmon

„Als Oma seltsam wurde" – Eva Eriksson, Ulf Nilsson

Filme

„Still Alice" – Richard Glatzer, Wash Westmoreland (2014)

„Vergiss mein nicht" – David Sieveking

„Die Auslöschung" – Nikolaus Leytner

„Für dich dreh ich die Zeit zurück" – Nils Willbrandt

„Wrinkles" – Ignacio Ferreras de Zumarraga

„Die Geschwister Savage" – Tamara Jenkins

„An ihrer Seite" – Sarah Polley

„Renate" – Lukas Baier

„Small world" – Martin Suter

„Meine Schwester Maria" – Maximilian Schell (über Maria Schell)

„Zurück zu einem unbekannten Anfang" – Helmut Wimmer, Maria Hoppe

„Mein Vater" – Andreas Kleinert

„Honig im Kopf" – Til Schweiger, Lars Gmehling

„Eisblumen" – Susan Gordanshekan

„Ella und John – Das Leuchten der Erinnerung" – Paolo Virzì

„Tatort: Gestern war kein Tag" – Christian Görlitz

sowie diverse Dokumentationen zum Thema

Kontakte

Österreich

in alphabetischer Reihenfolge

ADE – Angehörige demenzerkrankter Personen	www.und-wer-hilft-uns.at
Die Alternative (stundenweise Betreuung)	www.stundenweisebetreut.at
Alzheimer Austria	www.alzheimer-selbsthilfe.at
Caritas Pflege – Angehörigenbetreuung	www.caritas-pflege.at
Hilfswerk Österreich	www.hilfswerk.at
Interessengemeinschaft pflegender Angehöriger	www.ig-pflege.at
Sozialministerium	www.sozialministerium.at
Unabhängige Pflegeberatung	www.meinpflegegeld.at
Volkshilfe, Demenzhilfe	www.demenzhilfe.at

Deutschland

Deutsche Alzheimer Gesellschaft e. V.	www.deutsche-alzheimer.de/angehörige

Schweiz

in alphabetischer Reihenfolge

Alzheimer Schweiz	www.alz.ch
Beratungsstelle	www.memo-info.ch
MyHandicap – Entlastungsangebote	www.myhandicap.ch

Für den Inhalt verantwortlich:

Hanna Fiedler

1040 Wien
Österreich

Kontakt: hanna@und-wer-hilft-uns.at

www. und-wer-hilft-uns.at

Fotos: Hanna Fiedler und Familie
Grafiken: freepik.com, bearbeitet von Lisa Keskin

Layout und Texte: bearbeitet von Lisa Keskin

Platz für Notizen